LOS MANUSCRITOS DESCUBIERTOS EN NAG HAMMADI

Evangelios gnósticos

Editorial ⊙ Creación

Traducción: Jesús García-Consuegra González

© de la traducción: Jesús García-Consuegra González
© de la presente edición:
Editorial Creación
Jaime Marquet, 9
28200 - San Lorenzo de El Escorial
(Madrid)
Tel.: 91 890 47 33
E-mail: oficina@editorialcreacion.com
www.editorialcreacion.com

Diseño de portada: Mejiel
Primera edición: Abril de 2009

ISBN: 978-84-95919-22-9
Depósito Legal: M. 13.281-2009

ÍNDICE

SIGNOS Y ABREVIATURAS USADOS
FRECUENTEMENTE EN ESTE LIBRO

d. C. = después de Cristo
Mt. = Evangelio según San Mateo
Jn. = Evangelio según San Juan
1 P. = primera epístola universal de San Pedro Apóstol
1 Co = primera epístola de San Pablo a los Corintios
Is. = Isaías
[...] = texto no legible o que falta en el original
(...) = aclaración, inciso explicativo

INTRODUCCIÓN

HISTORIA DEL DESCUBRIMIENTO
DE LOS MANUSCRITOS

En Diciembre del año 1945 tuvo lugar un asombroso descubrimiento en el Alto Egipto, cerca del pueblo de Nag Hammadi: unos campesinos hallaron por casualidad trece códices de papiro forrados en cuero y enterrados en vasijas de greda selladas, en total más de 1100 páginas de antiguos manuscritos. Los textos estaban escritos en copto, aunque eran probablemente traducciones desde originales griegos.

La historia del descubrimiento no está exenta de leyenda, como todo lo que rodea a los grandes hallazgos de la Humanidad. Muhammad Ali al-Samman y sus hermanos (según contó él mismo 30 años después), antes de vengar la muerte de su padre, ensillaron sus camellos para ir a por tierra para fertilizar sus cultivos. Mientras cavaban cerca de un gran peñasco toparon con una vasija o jarra de barro de cerca de 1 metro de alto. Iba a romperla cuando pensó que tal vez la vasija contuviera en su interior un espíritu maligno, y le entró miedo. Pero, al final, la idea de que pudiera contener oro fue ganando terreno y, cogiendo su azadón, hizo pedazos la jarra, descubriendo que en su interior no habitaba ningún espíritu maligno, sino que había trece papiros encuadernados en cuero.

Muhammad Ali al-Samman y sus hermanos no dieron mucha importancia a este descubrimiento, aunque sí pensaron que podrían sacar algún beneficio por ellos. Cuando regresaron a casa, dejaron los libros en el suelo, cerca del horno, donde algunas hojas sirvieron para avivar el fuego, según reconoció la propia madre de Muhammad Ali-Samman.

Poco tiempo después, Muhammad Ali al-Samman y sus hermanos vengaron la muerte de su padre. Y temiendo que la policía pudiera registrar su casa y dar con los manuscritos, Muhammad Ali al-Samman pidió al sacerdote al-Qummus Basilyus Abd al-Masih que hiciera el favor de guardarle los textos. Éste accedió y, en los días siguientes, mientras Muhammad Ali al-Samman y sus hermanos eran investigados por la policía, enseñó uno de los libros a un tal Raghib, profesor de historia de la localidad, el cual se dio cuenta de que podía estar ante textos de mucho valor. Le pidió un libro al sacerdote y solicitó a un amigo de El Cairo que lo tasara. Después los compró por once libras egipcias.

No se sabe muy bien cómo los manuscritos fueron a parar al mercado negro y vendidos a través de comerciantes de antigüedades. Más tarde, los funcionarios del gobierno egipcio se dieron cuenta y compraron un manuscrito y confiscaron diez libros y la mitad de otro de los trece existentes. Estos libros, denominados códice, según el nombre científico dado a todo conjunto de hojas plegadas y cosidas juntas, se depositaron en el Museo Copto de El Cairo frenando su diseminación y fuga fuera de las fronteras de Egipto. Pero gran parte de uno de los códices, con cinco textos históricamente valiosos, desapareció y fue sacado del país de forma clandestina y puesto a la venta en América.

El profesor Quispel, historiador de la religión en Utrecht, en los Países Bajos, tuvo conocimiento de este códice y pidió a la Fundación Jung de Zurich que lo comprase. Cuando lo tuvo en su poder, descubrió que le faltaban algunas páginas. Y en la primavera de 1955 emprendió un viaje rumbo a Egipto con la intención de hallarlas en el Museo Copto. Una vez allí, solicitó el préstamo de fotografías de algunos textos para descifrarlas. Tras un examen atento y minucioso se dio cuenta de que se hallaba ante textos de un valor histórico incalculable, pues al descifrar la primera línea, quedó sobrecogido, allí pudo leer lo siguiente: "Estos son los dichos secretos que pronunció Jesús el Viviente y que el mellizo Judas Tomás puso por escrito". Este texto le planteaba nuevas dudas acerca de sus estudios anteriores sobre un Evangelio de Tomás: ¿Tenía Jesús un hermano gemelo, según se podía entresacar de este texto? ¿El texto era una crónica auténtica de las palabras de Jesús? Quispel tenía en sus manos un evangelio de Tomas. Descubrió que muchos de los dichos de este evangelio eran conocidos gracias al Nuevo Testamento, pero que, según pudo darse cuenta más tarde, la interpretación que se les podía dar era completamente diferente, pues este evangelio se denominaba secreto. Se apartaba de la explicación general que le daban de las religiones. Pues aunque muchos de los dichos de este evangelio ya se conocían a través del Nuevo Testamento, sin embargo, se interpretaban de un modo muy distinto.

Lo que había llegado a las manos de Quispel, El Evangelio de Tomás, era sólo uno de los 52 textos que se habían descubierto en Nag Hammadi. Estos textos se componen de escritos religiosos y herméticos, obras de sentencias morales, escritos apócrifos y una reescritura de *La República* de Platón.

ANTIGÜEDAD DE LOS MANUSCRITOS

La antigüedad de estos manuscritos, según la datación realizada examinando el papiro utilizado para dar espesor a las encuadernaciones en cuero y la escritura copta, se sitúa alrededor del año 300 ó 400 d. C., aproximadamente. No obstante, muchos investigadores no están de acuerdo con estas estimaciones y sitúan su antigüedad entre los años 120-150 d. C., ya que, hacia el año 180 d. C., Ireneo de Lyon declaró que los herejes se jactaban de poseer más evangelios de los que realmente existen. Según Quispel y sus seguidores, la antigüedad del Evangelio de Tomás se remonta hasta el año 140 d. C.

De hecho, hacia la mitad de siglo II de la era cristiana, muchos textos fueron denunciados como heréticos. Entre ellos estaban, seguramente, los encontrados en Nag Hammadi. Se sabe que en estos primeros tiempos del cristianismo muchos seguidores de Cristo fueron denunciados y condenados por otros cristianos que los consideraban herejes, pero los que seguían la doctrina de estos textos no se consideraba a sí mismos como herejes

LOS GNÓSTICOS

La palabra «gnóstico» viene del griego «gnosis», que se traduce por «conocimiento». Se trata aquí de un conocimiento interior que lleva a la salvación del individuo, una experiencia interna con la que se alcanza el conocimiento de Dios. El consejo a seguir por todo seguidor del gnosticismo es el de «hombre conócete ti mismo y conocerás a Dios», inscripción que se podía leer en las puertas de los templos griegos. Para los gnósticos, Jesús vino al mundo a enseñar el camino hacia este tipo de conocimiento.

Los textos religiosos gnósticos proponían interpretaciones diferentes a los oficiados en su tiempo, y fueron declarados heréticos. A partir de la conversión de Constantino al cristianismo la mera posesión de un libro herético se consideraba delito y los ejemplares encontrados se destruían. Por eso, probablemente, los libros encontrados en Nag Hammadi se apartaron de la circulación y fueron escondidos por los seguidores del movimiento gnóstico en las vasijas de barro en las que fueron hallados en 1945.

Los gnósticos, como hemos dicho, enfocaban las cosas religiosas o divinas como un conocimiento interior y secreto, transmitido por la tradición y por la iniciación. No daban mucha importancia a la historicidad, sino más bien al sentido esotérico. Los textos que podrían considerarse como evangelios, en su mayoría, son dichos de Jesús. No se parecen mucho a los evangelios canónicos, pues no presentan una narración de la vida de Jesús, sino que contienen revelaciones secretas que supuestamente hizo éste a sus discípulos.

Gracias a estos manuscritos se sabe ahora que entre los gnósticos y los llamados ortodoxos o Iglesia primitiva hubo bastante polémica. Unos a otros se acusaron de ser la falsa Iglesia de Cristo. Las diferencias entre ambos grupos se fue haciendo cada vez más evidente. Mientras que para los ortodoxos bastaba cumplir ciertos requisitos para entrar a formar parte de la Iglesia, como confesar el credo, aceptar el ritual del bautismo, participar en el culto y obedecer al clero, para los gnósticos era bien diferente: exigían pruebas de madurez espiritual para demostrar que se pertenecía a la Iglesia de

Cristo o Iglesia verdadera. De hecho, el bautismo para ellos significaba muy poco o nada, si no va acompañado de arrepentimiento verdadero demostrado con hechos: «Por sus frutos los conoceréis».

LISTA COMPLETA DE LOS CÓDICES HALLADOS EN NAG HAMMADI

Códice I (también conocido como El códice de la Fundación Carl Gustav Jung):

1. La Oración del Apóstol Pablo
2. El Libro Secreto de Santiago
3. El Evangelio de la Verdad (texto con más de una versión)
4. El Tratado de la Resurrección
5. El Tratado Tripartito

Códice II:

1. El Libro Secreto de Juan (versión larga)
2. El Evangelio de Tomás
3. El Evangelio de Felipe
4. La Hipóstasis de los Arcontes
5. Sobre el origen del mundo
6. La Exégesis del Alma
7. El Libro de Tomás el Contendiente

Códice III:

1. El Libro Secreto de Juan (versión corta)
2. El Evangelio de los Egipcios
3. Eugnostos el Bienaventurado
4. La Sofía de Jesucristo
5. El Diálogo del Salvador

Códice IV:

1. El Libro Secreto de Juan (versión larga)
2. El Evangelio de los Egipcios

Códice V:

1. Eugnostos el Bienaventurado
2. El Apocalipsis de Pablo
3. El (Primer) Apocalipsis de Santiago
4. El (Segundo) Apocalipsis de Santiago
5. El Apocalipsis de Adam

Códice VI:

1. Los Actos de Pedro y los doce Apóstoles
2. El Truena, Mente Perfecta
3. Enseñanzas Autorizadas
4. El Concepto de nuestro Gran Poder
5. La República de Platón (588A-589B)
6. Discurso sobre la Ogdóada y la Eneada (tratado hermético)
7. La oración de Acción de Gracias
8. Asclepius 21-29 (tratado hermético)

Códice VII:

1. El Paráfrasis de Sem
2. El Segundo Tratado del Gran Seth
3. El Apocalipsis de Pedro
4. Las Enseñanzas de Silvanus
5. Las Tres Estelas de Seth

Códice VIII:

1. Zostrianos
2. La Carta de Pedro a Felipe

Códice IX:

1. Melquisédec
2. El Pensamiento de Norea
3. El Testimonio de la Verdad

Códice X:

1. Marsanes

Códice XI:

1. La Interpretación del Conocimiento
2. Una Exposición Valentiniana,
   2a. Sobre el Ungimiento,
   2b. Sobre el Bautismo (A y B)
   2c. Sobre la Eucaristía (A y B)
3 Alógenes
4. Hipsifrones

Códice XII

1. Las Sentencias de Sexto
2. El Evangelio de la Verdad
3. Fragmentos

Códice XIII:

1. Trimorfa Protennoia
2. Sobre el origen del mundo

LOS EVANGELIOS GNÓSTICOS

De entre todos los escritos encontrados en Nag Hammadi, probablemente los más importantes sean los que hemos elegido para esta edición: El Evangelio de Tomás, El Evangelio de Felipe, El Libro Secreto de Santiago, El Libro de Tomás, El Libro Secreto de Juan, y El Evangelio de la Verdad.

EL EVANGELIO DE TOMÁS

El Evangelio de Tomás descubierto en Nag Hammadi ya era conocido en la antigüedad, pues algunos de los dichos que presenta ya fueron mencionados por Orígenes y citados por Clemente de Alejandría. No es un Evangelio como los canónicos que nos cuentan la vida y obra de Jesús. Éste consta más bien de una colección de *dichos* o *logión* y *parábolas* atribuidos a Jesús sin incluirlos en un orden o contexto lógico. Se podría decir que muchos de estos dichos proceden de la misma fuente que aquellos que se pueden leer en los Evangelios canónicos, aunque la interpretación, en base a todo el contexto de la obra, hay que hacerla desde el punto de vista del movimiento gnóstico.

Según el autor de este Evangelio, se trata de un compendio de dichos secretos: «Estos son los dichos secretos que pronunció Jesús el Viviente y que el mellizo Judas Tomás puso por escrito». El texto invita a recorrer un viaje hacia el conocimiento interior, y las claves para llegar a él las ofrece Jesús, a través de sus palabras, a los discípulos que buscan incansablemente la verdad: «El que busca no debe dejar de buscar hasta que no haya encontrado. Y cuando encuentre quedará perturbado, y tras su perturbación se asombrará y reinará sobre todo el universo».

El autor se presenta como el mellizo Judas Tomás, lo cual planteó a Quispel serias dudas cuando tuvo en sus manos por primera vez el manuscrito, ya que se preguntó que si tenía Jesús un hermano gemelo como afirmaban estas palabras, podría estar ante una crónica auténtica de las palabras del propio Jesús. De hecho, la iglesia siria cree que al autor de este Evangelio es Judas, el apóstol y hermano gemelo de Jesús.

El manuscrito ocupa los folios 32 a 51 del códice II de los 13 que componen la biblioteca encontrada en Nag Hammadi, y se encuentra actualmente en el Museo Copto del Antiguo Cairo, en Egipto.

El texto data aproximadamente del siglo III o IV, aunque el original es, probablemente, mucho más antiguo y habría sido escrito entre el siglo I y el siglo II (años 50-125 d. C.), aunque, como el lector puede suponer, estas fechas están sujetas a discusión y debate.

EL EVANGELIO DE FELIPE

En el escrito encontrado en Nag Hammadi se pueden leer al final las siguientes palabras: Evangelio según Felipe, aunque este título es un añadido posterior a la redacción original. En este Evangelio ocurre prácticamente lo mismo que en el Evangelio de Tomas: no narra la vida de Jesús, sino que la obra contiene dichos o pensamientos que no siguen un orden coherente.

Lo que más llama la atención de este Evangelio es lo que podemos encontrar sobre la relación entre Jesús y María Magdalena. En efecto, María Magdalena es presentada en él como la compañera del propio Cristo, quien, a menudo la besaba en la boca:

«… la amó más que a todos los discípulos y, a menudo, acostumbraba a besarla en la boca. … Le dijeron: «¿Por qué la amas más que a todos nosotros?». El Salvador respondió y les dijo: «¿Por qué no os amo igual que a ella?». Cuando un ciego y un vidente se encuentran juntos en la oscuridad, el uno no distingue al otro. Cuando llega la luz, entonces el vidente verá la luz y el ciego seguirá a oscuras».

De estas palabras no podemos deducir una simple relación matrimonial o de pareja, sino que, para los apóstoles, era como un igual, es decir, otro apóstol más o incluso superior a ellos («¿Por qué la amas más que a todos nosotros?»). Podría simbolizar que la Magdalena había adquirido la iniciación gnóstica concedida por el propio Cristo. Vemos, en este sentido, la importancia que se concede en todo el texto a la simbología matrimonial, pues se habla constantemente de la Cámara Nupcial como un gran misterio, símbolo de la unión entre el alma y la divinidad.

La doctrina gnóstica contenida en el Evangelio de Felipe es semejante a la que mantenían los seguidores de Valentín. Mientras que los cristianos ortodoxos seguían las enseñanzas públicas o exotéricas que podían ser leídas por todos, los gnósticos bebían de las enseñanzas secretas o esotéricas, de las cuales sólo se nutrían los pocos, es decir, los que estaban preparados para ella. Los gnósticos, al igual que muchos cristianos hoy día, creían que algunos discípulos de Cristo, siguiendo sus instrucciones, habían mantenido en secreto ciertas enseñanzas recibidas por él y sólo la impartían en privado a quien consideraban que estaba preparado para recibirlas. Los seguidores de Valentín mantienen que estas enseñanzas secretas sólo están reveladas en sus propios escritos y evangelios.

Este Evangelio fue escrito probablemente hacia la segunda mitad del siglo III, y se había perdido hasta que fue encontrado, como hemos explicado anteriormente, de forma fortuita en el año 1945. El texto hallado en Nag Hammadi se encuentra dentro del códice II de los 13 códices que componen la Biblioteca.

EL LIBRO SECRETO DE SANTIAGO

El libro secreto de Santiago pertenece al Códice nº 1 de la Biblioteca encontrada en Nag Hammadi. Está escrito en un dialecto del copto, aunque la lengua oficial en que fue compuesto es el griego. La fecha de su composición es, aproximadamente, de mediados del siglo II d. C., y la traducción podría ser del siglo IV d. C.

El supuesto autor es Santiago, discípulo de Cristo, que lo redacta en forma de carta comentando una información secreta y privilegiada del propio Jesús. También menciona Santiago que esta revelación ha sido dada a Pedro:

«Ya que me has pedido que os enviara un libro secreto revelado a mí y a Pedro por el Señor, no podía negártelo ni defraudarte».

Es un Evangelio que se dirige a los pocos, los que están preparados para recibir el conocimiento que contiene, por eso el autor insta a quien dirige la carta a no revelarlo a mucha gente, pues, según él, el Salvador ni siquiera quiso revelarlo a los discípulos:

«Pero, habiendo reparado en que tú eres un ministro para la salvación de los santos, intenta ir con cuidado para no revelar este libro a mucha gente, pues el Salvador ni siquiera quiso revelarlo a nosotros, sus doce discípulos».

La doctrina que se puede apreciar en los dichos de Jesús, al igual que en los demás evangelios encontrados en Nag Hammadi, es de tipo gnóstico, aunque no se la ha vinculado con Valentino o las sectas gnósticas más conocidas.

EL LIBRO DE TOMÁS EL CONTENDIENTE

El libro de Tomás el Contenedor o el Contendiente o el atleta se encuentra en el Códice II de la Biblioteca de los manuscritos encontrados en Nag Hammadi. Se compuso probablemente en la primera mitad del III d. C., pues es, según se cree, posterior al Evangelio de Tomás, que fue escrito entre el año 50 al 125 d. C.

El libro es un dialogo entre Jesús resucitado y Tomás, al que se identifica como hermano gemelo del Nazareno

EL LIBRO SECRETO DE JUAN

El libro secreto de Juan se encuentra en los Códices III y IV de los encontrados en Nag Hammadi. El que aquí presentamos es la versión larga, o sea, la que corresponde al Códice IV. Es un texto de enseñanzas gnósticas del siglo II d. C. Describe una aparición de la divinidad a Juan el apóstol, uno de los hijos de Zebedeo, cuando estaba en un lugar solitario haciéndose preguntas acerca la venida de Cristo al mundo. En la aparición, Juan recibe una enseñanza secreta de Dios, que se presenta como el Padre, la Madre y el Hijo.

La enseñanza que recibe Juan debe ir destinada a "la raza inquebrantable del Hombre perfecto". O sea, a aquellos que buscan la verdad y quieren mejorar mediante el conocimiento. En definitiva, a los que siguen la doctrina gnóstica

EL EVANGELIO DE LA VERDAD

El que publicamos en esta edición pertenece al Códice XII de la Biblioteca de Nag Hammadi, aunque hay otra copia en el Códice I. Fue escrito, según se cree, en el siglo III. La doctrina es de inspiración valentiniana, por lo que se atribuye su redacción a Valentín, el maestro gnóstico.

El tema central de este Evangelio es «la Caída», enseñando cómo salir de su influjo mediante el conocimiento que Cristo revela a los hombres.

* * *

Ciertamente estamos ante unos documentos importantísimos, que se han conservado en el tiempo para hablarnos en la actualidad de un conocimiento espiritual que sigue vigente y que trasciende a su tiempo. Pues, en algunso casos, se trata del conocimiento que todo ser humano puede llegar a descubrir si busca un poco en su propio interior.

Cuando uno lee estos manuscritos y profundiza en algunos de sus dichos, descubre que tienen más importancia de la que a primera vista pudiera otorgarles. En general, aunque la doctrina de algunos textos no sean compartidas, son escritos que hablan directamente al alma y que, pudiéramos decir, en ellos se expresa el conocimiento interior de todos los tiempos, aquello que va implícito en la naturaleza espiritual del ser humano, pues muchos de los dichos que podemos leer en estos evangelios han sido expresados de diferentes maneras por místicos o buscadores de la verdad en todos los tiempos.

Creemos sinceramente que merece la pena leer estos manuscritos concienzudamente y estudiarlos con detenimiento, pues en ellos encontraremos unas perlas preciosas que enriquecerán nuestro espíritu.

Desde nuestro punto de vista, estos textos, aunque son libros secretos dirigidos a «los pocos» (los que están preparados para recibir el conocimiento que contienen), no se oponen a los Evangelios canónicos, sino que los complementan, y ayudan a enfocar ciertas enseñanzas de Cristo desde una óptica distinta a la tradicional.

J. García

El
Evangelio
de
Tomás

stos son los dichos secretos que pronunció Jesús el Viviente y que el mellizo Judas Tomás puso por escrito [1].

1. Él dijo: «Quien halle el sentido de estas palabras no probará la muerte».

2. Jesús dijo: «El que busca no debe dejar de buscar hasta que no haya encontrado. Y cuándo encuentre quedará perturbado, y tras su perturbación se asombrará y reinará sobre todo el universo».

3. Jesús dijo: «Si vuestros guías os dijeren: *He aquí, el Reino está en el cielo*, entonces las aves del cielo llegarán allí antes que vosotros. Y si os dicen: *Está en la mar*, entonces los peces llegarán antes que vosotros. Más bien el Reino está dentro de vosotros y fuera de vosotros.

»Cuando os conozcáis a vosotros mismos, entonces seréis conocidos y comprenderéis que sois hijos del Padre Viviente. Pero si no os conocéis a vosotros mismos, entonces vivís en la pobreza y también la encarnáis».

4. Jesús dijo: «No dudará un anciano de gran edad en preguntar a un niño pequeño acerca del lugar de la vida, y esta persona vivirá.

»Pues muchos primeros serán los últimos y terminarán siendo uno solo».

5. Jesús dijo: «Reconoced lo que está en frente de vuestra vista y se os hará claro lo que se os oculta.

»Pues nada hay escondido que no llegue a ser revelado».

6. Sus discípulos le preguntaron: «¿Quieres que ayunemos? ¿ De qué manera tenemos que orar y dar limosna, y qué hemos de observar respecto a la comida?».

Jesús dijo: «No mintáis ni hagáis lo que no os gusta. Porque para el cielo todo está claro, ya que nada hay oculto que no vaya a ser revelado y nada escondido que no pueda ser descubierto».

7. Jesús dijo: «Bienaventurado el león que al ser ingerido por un humano se hace hombre. Maldito el humano que se deja comer y devorar por un león y éste se hace humano».

8. Dijo: «El hombre se parece a un sabio pescador que lanzó su red al mar y la sacó de él llena de peces pequeños. Pero entre ellos encontró un pez grande y bueno. En vista de lo cual arrojó todos los peces pequeños al mar y eligió sin dudarlo el pez grande».

9. Jesús dijo: «He aquí que el sembrador fue, tomó unas cuantas semillas y las esparció. Algunas cayeron en el camino y vinieron los pájaros del cielo y se las llevaron. Otras cayeron sobre la piedra y no echaron raíces en la tierra ni hicieron germinar espigas hacia el cielo. Otros cayeron entre espinas, las cuales estrangularon a las semillas y el gusano se los comió. Otros cayeron en buena tierra dando una buena cosecha. Llegaron a producir sesenta y ciento veinte veces por medida».

10. Jesús dijo: «He lanzado fuego sobre el mundo y, mirad, lo mantengo hasta que arda».

11. Jesús dijo: «Este cielo y el que está encima de él pasarán.

»Los muertos no viven ya, y los que están vivos no morirán. Cuando estabais comiendo lo que estaba muerto, le dabais vida; ¿qué vais a hacer cuando venga a vosotros la iluminación?».
  «El día en que erais uno, os hicisteis dos; después de haberos hecho dos, ¿qué haréis?».

12. Los discípulos dijeron a Jesús: «Sabemos que tú nos dejarás; ¿quién va a ser el mayor entonces entre nosotros?» Jesús les dijo: «Dondequiera que estéis juntos, dirigíos a Santiago el Justo, por quien el cielo y la tierra fueron creados».

13. Jesús dijo a sus discípulos: «Comparadme con alguien y decidme a quién me parezco».

Simón Pedro le dijo: «Eres comparable a un ángel justo».

Mateo le dijo: «Eres semejante a un filósofo, a un sabio».

Tomás le dijo: «Maestro, mi boca es absolutamente incapaz de decir a quién te pareces».

Respondió Jesús: «Yo ya no soy tu maestro, ya que has bebido y te has embriagado del manantial que yo mismo he tendido». Luego tomó a Tomás, se retiró y le dijo tres cosas. Cuando Tomás se volvió al lado de sus compañeros, le preguntaron éstos: «¿Qué te ha dicho Jesús?».

Tomás les dijo: «Si yo os contase una sola cosa de las que me ha dicho, cogeríais piedras y me las arrojaríais: entonces saldría un fuego de ellas que terminaría por abrasaros».

14. Jesús les dijo: «Si ayunáis, atraeréis el pecado sobre vosotros. Si hacéis oración, seréis condenados. Si dais limosnas, dañaréis vuestros espíritus.

»Cuando vayáis a cualquier país y caminéis de aquí para allá, si la gente os recibe, comed lo que os presenten y curad sus enfermos.

»Pues lo que entra por vuestra boca no os contaminará, mas lo que sale de vuestra boca, eso sí que os contaminará».

15. Jesús dijo: «Cuando veáis a aquel no nacido de mujer, postraos sobre vuestro rostro y adoradle: Es vuestro padre».

16. Jesús dijo: «Quizá la gente piensa que he venido a traer paz al mundo, y no saben que he venido a traer discordia sobre la tierra: fuego, espada, guerra.

»Pues cinco habrá en casa: Tres estarán contra dos y dos contra tres. El padre contra el hijo y el hijo contra el padre. Y todos ellos se quedarán solos».

17. Jesús dijo: «Yo os daré lo que no ha visto ningún ojo, no ha escuchado ningún oído, no ha tocado ninguna mano y en ningún corazón humano ha penetrado».

18. Los discípulos dijeron a Jesús: «Cuéntanos cómo va a ser nuestro fin».

Jesús respondió: «¿Habéis acaso descubierto ya el principio para que preguntéis por el fin?

»Sabed que donde se encuentre el principio, allí estará también el fin. Bienaventurado aquel que se encuentra en el principio: él conocerá el fin y no probará la muerte».

19. Jesús dijo: «Bienaventurado aquel que ya existía antes de llegar a existir.

»Si os hacéis mis discípulos y escucháis mis palabras, estas piedras os servirán.

»Pues cinco árboles hay en el paraíso para vosotros. Ni en verano ni en invierno se mueven; su follaje no cae: quien los conoce no probará la muerte».

20. Los discípulos le dijeron a Jesús: «Dinos a qué es semejante el reino de los cielos».

Les dijo: «Es semejante a un grano de mostaza, la más exigua de todas las semillas. Pero cuando cae en buena tierra que está preparada crece, haciéndose una planta grande y se convierte en refugio para los pájaros del cielo».

21. Dijo María a Jesús: «¿A quién se parecen tus discípulos?».

Él dijo: «Se parecen a unos niños que se han acomodado en un campo que nos es suyo. Cuando vengan los dueños del campo les dirán: *Devolvednos nuestro terreno*. Ellos se lo devolverán y se sentirán desnudos en su presencia al tener que irse de allí».

Por eso os digo: «Si el dueño de la casa sabe que va a venir un ladrón, se pondrá en guardia antes de que llegue y no permitirá que éste entre en la casa de su propiedad y se lleve sus posesiones.

»Vosotros estad también alerta y guardaos del mundo. Ceñid vuestros lomos con fortaleza y preparaos para la acción, para que los ladrones no puedan penetrar y encuentren cerrado el paso hacia vosotros; pues si no se adueñarán de la recompensa que era destinada a vosotros.

»Quiera Dios que haya entre vosotros un hombre con sabiduría suficiente para que, cuando la cosecha esté lista, acuda rápidamente con una hoz en la mano y la siegue. El que tenga oídos para oír, que escuche».

22. Jesús vio unos bebés que estaban siendo amamantados. Dijo a sus discípulos: «Estos bebes que maman se parecen a quienes entran en el Reino».

Ellos le dijeron: «¿Entonces nosotros, si nos hacemos pequeños, podremos entrar en el Reino como los bebés?».

Jesús les dijo: «Cuando hagáis que los dos sean uno, cuando hagáis lo interior como lo exterior; y lo exterior como lo interior; y lo de arriba como lo de abajo. Cuando hagáis de lo masculino y lo femenino una cosa sola, de manera que lo masculino deje de ser masculino y lo femenino deje ser femenino; cuando hagáis ojos que sustituyan el ojo y una mano que reemplace la mano y un pie que sustituya el pie y una imagen que reemplace la imagen, entonces podréis entrar en [el Reino]».

23. Jesús dijo: «Yo os eligiré uno entre mil y dos entre diez mil, y éstos serán como uno solo».

24. Sus discípulos dijeron: «Muéstranos el lugar donde vives, pues deseamos encontrarlo».

Les dijo: «El que tenga oídos, debe escuchar: en el interior de un hombre lleno de luz hay siempre luz, por lo cual él ilumina todo el universo; si su luz no brilla, hay tinieblas».

25. Jesús dijo: «Ama a tu hermano como amas a tu alma; protégele como si fuera la pupila de tus ojos».

26. Jesús dijo: «Ves la paja que está en el ojo de tu hermano, pero no ves la viga en tu propio ojo. Cuando hayas quitado la viga de tu ojo, entonces verás de sacar la paja del ojo de tu hermano».

27. Jesús dijo: «Si no os abstenéis del mundo, no encontraréis el Reino; si no guardáis el Sábado como un Sábado, no veréis al Padre».

28. Jesús dijo: «Estuve en medio del mundo y me mostré a ellos en carne. Los encontré a todos borrachos y no encontré a ninguno con sed.Mi alma sintió dolor por los hijos de los hombres, porque son ciegos en su corazón y no se ven que han venido vacíos al mundo y vacíos intentan otra vez salir de él.

»Pero ahora están borrachos, cuando estén sobrios se arrepentirán».

29. Jesús dijo: «Que la carne sea hecha por el espíritu es sorprendente; pero el que el espíritu puede llega a ser gracias al cuerpo, sería más sorprendente.

Sin embargo, yo me maravillo de cómo esta gran riqueza ha venido a alojarse en esta pobreza».

30. Jesús dijo: «En cualquier lugar donde hubiese tres dioses, dioses son. Dondequiera que haya dos o uno, a su lado estoy yo».

31. Jesús dijo: «Ningún profeta es aceptado en su ciudad natal. Ningún médico cura a familia o amigos».

32. Jesús dijo: «Una ciudad construida y fortificada sobre una montaña elevada no puede caer ni ocultarse».

33. Jesús dijo: «Lo que escucháis con los oídos, pregonadlo desde vuestros tejados.

»Pues nadie enciende una lámpara y luego la pone bajo una cesta o en una esquina escondida, sino que la pone sobre el candelero para que todos los que vayan y vengan vean su luz».

34. Jesús dijo: «Si un ciego guía a otro ciego, ambos caerán en el hoyo».

35. Jesús dijo: «No se puede entrar en la casa del fuerte y tomarla por la fuerza a menos que antes logre atarle las manos. Después sí podrá saquear su casa».

36. Jesús dijo: «No os preocupéis desde la mañana hasta la noche y desde la noche hasta la mañana [pensando en vuestra comida: qué vais a comer, o sobre vuestro vestido]: qué os vais a poner [vosotros sois mejor que los lirios, que ni trabajan ni hilan.

»Y ¿Cuándo no teníais vestido, que os pusisteis? ¿Quién puede aumentar su estatura? Ese mismo os dará el vestido.]

37. Sus discípulos dijeron: «¿Cuándo te aparecerás a nosotros y cuándo te vamos a ver?».

Jesús dijo: «Cuando dejéis vuestra vergüenza, cuando toméis vuestros vestidos y los pongáis bajo vuestros pies como niños pequeños y los pisoteéis, entonces veréis al Hijo del Viviente y no tendréis miedo».

38. Jesús dijo: «A menudo deseáis escuchar estos dichos que os cuento en este momento y solo podéis escucharlos de mí. Vendrán días en que me buscaréis pero no me encontraréis».

39. Jesús dijo: «Los fariseos y los escribas han recibido las llaves del conocimiento y las han ocultado. No han entrado ellos ni han dejado que entrasen los que deseaban entrar.

»Pero vosotros sed cautos como las serpientes y sencillos como las palomas».

40. Jesús dijo: «Una cepa ha sido plantada fuera del Padre y, como ha arraigado sin fuerza, se arrancará de raíz y morirá».

41. Jesús dijo: «A quien tenga algo en sus manos se le dará y tendrá más. A quien nada tiene, incluso lo poco que tiene, se le quitará».

42. Jesús dijo: «Sed peregrinos».

43. Sus discípulos le dijeron: «¿Quién eres tú para decirnos estas cosas?».

Jesús respondió: «Tomando como base lo que os estoy diciendo, ¿no sois capaces de saber quién soy?

»Sois semejantes a los judíos, pues éstos aman el árbol pero odian su fruto y aman el fruto pero odian el árbol».

44. Jesús dijo: «A quien blasfeme contra el Padre, se le perdonará, y a quien blasfeme contra Hijo, se le perdonará también. Pero a quien blasfeme contra el Espíritu Santo no se le perdonará ni en la tierra ni en el cielo».

45. Jesús dijo: «No se recogen uvas de los espinos ni higos de los arbustos, ya que éstos no dan ningún fruto.

»Un buen hombre saca cosas buenas de su tesoro. El hombre malo saca cosas malas del tesoro de maldad que tiene en su corazón y iniquidades, pues de la abundancia del corazón impío produce él la maldad».

46. Jesús dijo: «Desde Adán hasta Juan el Bautista no hay entre los nacidos de mujer nadie que sea mayor que Juan el Bautista, como para no tener que inclinarse ante él.

»Pero yo os digo que cualquiera de vosotros que se haga como un niño pequeño, conocerá el Reino y llegará a ser mayor que Juan».

47. Jesús dijo: «Un hombre no puede montar dos caballos y tensar dos arcos.

»Un esclavo no puede servir a dos señores, porque más bien honrará a uno y despreciará al otro.

»Ningún hombre que haya bebido el vino viejo le apetece después beber el nuevo. El vino nuevo no se echa en odres viejos, pues éstos se pueden resquebrajar,

»Ni tampoco se remienda una prenda nueva con un parche viejo, porque se desgarrará».

48. Jesús dijo: «Si dos personas hacen la paz bajo un mismo techo, después que la hayan hecho dirán al monte: ¡*muévete de aquí*! Y éste se moverá».

49. Jesús dijo: «Bienaventurados los que estáis solos y los elegidos, pues vosotros encontraréis el Reino, ya que habéis venido de él y a él volveréis de nuevo».

50. Jesús dijo: «Si os hacen la pregunta: *¿De dónde habéis venido?* Decidles: *Nosotros hemos venido de la luz, del lugar donde la luz se originó por sí misma.*

»Si os hacen esta pregunta: *¿Quién sois?* Decidles: *Somos sus hijos y hemos sido elegidos por el Padre Viviente.*

»Si os preguntan: *¿Cuál es la señal que lleváis de vuestro Padre en vosotros?* Decidles: *Es el movimiento y el reposo*».

51. Sus discípulos le dijeron: «¿Cuándo tendrá lugar el reposo de los muertos y cuándo llegará el nuevo mundo?».

Él les respondió: «Ya ha llegado, pero no lo sabéis reconocer».

52. Sus discípulos le dijeron: «24 profetas han hablado de ti en Israel».

El les dijo: «Habéis apartado a un lado al Viviente que está ante vosotros y habéis hablado solo de los muertos».

53. Sus discípulos le dijeron: «¿Es útil la circuncisión o no?».

Y él les contestó: «Si fuese útil, los padres engendrarían a sus hijos circuncisos en el seno de sus madres. No obstante, la verdadera circuncisión en espíritu es útil en todos los aspectos».

54. Jesús dijo: «Bienaventurados los pobres, suyo es el reino de los cielos».

55. Jesús dijo: «Quien no odie a su padre y a su madre, no podrá ser mi discípulo. Y quien no odie a sus hermanos y hermanas y no cargue con su cruz como yo hago, no será digno de mí».

56. Jesús dijo: «Quien haya entendido lo que es el mundo, ha dado con un cadáver. Y quien haya encontrado un cadáver, no es digno el mundo de él».

57. Jesús dijo: «El Reino del Padre se parece a un hombre que tenía una [buena] semilla. De noche llegó su enemigo y sembró cizaña entre ella. Este hombre no dejó que los jornaleros arrancasen la cizaña, sino que les dijo: *Quizá, al arrancar la cizaña, arranquéis también el trigo con ella. Pero en el momento de la siega será más fácil ver los hierbajos y así podréis arrancarlos y quemarlos*

58. Jesús dijo: «Bienaventurado el que ha sufrido, pues éste ha encontrado la vida».

59. Jesús dijo: «Mirad al Viviente mientras estáis vivos, no sea que cuando muráis queráis contemplarlo y no podáis».

60. Vio a un samaritano que llevaba un cordero mientras se dirigía a Judea y dijo a sus discípulos: «¿Por qué lleva éste un cordero?» Ellos le dijeron: «para matarlo y comérselo». Y les dijo: «No se lo comerá mientras esté vivo, sino sólo después de haberlo matado y de que se haya convertido en un cadáver».

Ellos dijeron: «No podrá hacerlo de otra manera».

El dijo: «Vosotros buscaos un lugar donde reposar para no convertiros en cadáveres y seáis también devorados».

61. Jesús dijo: «Dos descansarán sobre un mismo lecho: uno morirá, el otro vivirá».

Salomé dijo: «¿Quién eres tú?, ¿ y de quién eres hijo? Te has recostado en mi lecho y has comido de mi mesa, como si hubieras venido de alguien».

Jesús le dijo: «Yo procedo de aquel que es idéntico a mí; he participado de las cosas de mi Padre».

(Salomé dijo): «Yo soy tu discípula».

(Jesús le dijo): «Por eso es por lo que digo que si uno ha llegado a ser completo, se llenará de luz; pero en cuanto se desintegre, se inundará de tinieblas».

62. Jesús dijo: «Yo revelo mis misterios [a los que son dignos] de ellos. No dejes que lo que hace tu mano derecha lo sepa tu mano izquierda».

63. Jesús dijo: «Había un hombre rico que tenía una gran fortuna, y dijo: *Voy a emplear mi fortuna en sembrar, cosechar, plantar y llenar mis graneros de frutos de modo que no me falte de nada.* Esto es lo que pensaba en su corazón; pero aquella misma noche se murió. ¡El que tenga oídos, que oiga!».

64. Jesús dijo: «Cierto hombre tenía invitados. Y cuando la cena estuvo lista, mandó al criado que avisara a los invitados.

»El criado fue al primero y le dijo: *Mi señor te invita.* Él respondió: *Unos comerciantes me deben dinero y van a venir a verme esta tarde. Debo ir a darles instrucciones, pido excusas por no poder asistir a la cena.*

»El criado fue a otro invitado y le dijo: *Estás invitado por mi señor.* Él le dijo: *He comprado una casa y tengo que ausentarme por un día; no tengo tiempo.*

»El criado fue aún a otro y le dijo: *Mi señor te invita.* Y él le dijo: *Un amigo mío se va a casar y tendré que preparar la fiesta. No podré ir; por favor, dispénseme de la cena.*

»El criado se acerco a otro y le dijo: *Mi señor te invita.* Éste replicó: *He comprado una granja y tengo que ir cobrar la renta; así que no podré ir, discúlpeme.*

»El criado volvió y dijo a su señor: *Los que invitaste a la cena se han disculpado y no podrán venir.* Dijo el señor a su criado: *Sal a las calles, trae a todos los que encuentres para que participen en mi cena. Los mercaderes y comerciantes no entrarán en el Reino de mi Padre»*.

65. El dijo: «Un […] hombre poseía un viñedo y se lo alquiló a unos viñadores para que lo trabajaran y así le entregaran luego el fruto. Envió, pues, a un criado para que éstos le entregaran la cosecha del viñedo. Pero, en lugar de eso, ellos prendieron al criado y le dieron golpes hasta dejarlo casi muerto. Así que el criado volvió y se lo contó a su señor, quien dijo: *Tal vez no te han reconocido*. Y envió otro criado. También éste fue golpeado por los viñadores. Entonces envió a su propio hijo, diciendo *¡Quizá muestren algo de respeto por mi hijo!* Pero cuando los viñadores supieron que aquél era el que heredaría la viña, le atraparon y le mataron. ¡El que tenga oídos, que oiga!».

66. Jesús dijo: «Mostradme la piedra que han rechazado los albañiles; ésa es la piedra angular».

67. Jesús dijo: «Quien tenga el conocimiento de todo, pero no se conozca a sí mismo, falla en todo».

68. Jesús dijo: «Bienaventurados vosotros cuando se os odie y se os persiga, mientras que no se encontrará ningún lugar allí donde vosotros habéis sido perseguidos».

69. Jesús dijo: «Bienaventurados los que han sido perseguidos en su corazón: ellos conocen al Padre de verdad».

«Bienaventurados los que tienen hambre, pues el estómago de los hambrientos se saciará».

70. Jesús dijo: «Si sacáis lo que está dentro de vosotros, lo que tenéis os salvará. Si no tenéis esto en vuestro interior, lo que no tenéis dentro de vosotros os matará».

71. Jesús dijo: «destruiré [esta] casa y nadie podrá reedificarla […]».

72. Un [hombre le dijo]: «Di a mis hermanos que repartan conmigo los bienes de mi padre».

El contestó: «Señor, ¿quién ha hecho de mí un repartidor?»

Y se dirigió a sus discípulos y les dijo: «¿Soy yo una persona que reparte?».

73. Jesús dijo: «La mies es mucha, pero los obreros son pocos. Rogad, pues, al Señor que envíe más obreros para la cosecha».

74. Él dijo: «Señor, hay muchos alrededor del pozo, pero no hay nadie dentro del pozo».

75. Jesús dijo: «Muchos están al lado de la puerta, pero son los solitarios los que entrarán en la cámara nupcial».

76. Jesús dijo: «El reino del Padre es semejante a un comerciante que tenía una provisión de mercancías y encontró una perla. Este comerciante era sabio, pues vendió sus mercancías y compró aquella perla única.

»También vosotros debéis buscar el tesoro que no perece, allí donde no entran ni polillas para comerlo ni gusano para destruirlo».

77. Jesús dijo: «Yo soy la luz que está sobre todos ellos. Yo soy el universo: el universo ha salió de mí y ha llegado hasta mí.

»Partid un trozo de madera y allí estoy yo.

»Levantad una piedra y allí me hallaréis».

78. Jesús dijo: «¿Para qué habéis salido al campo? ¿Para ver una caña sacudida por el viento? ¿Fuisteis a ver a un hombre vestido con ropas caras? Observad a vuestros reyes y personas importantes: ellos son los que llevan ropas caras, pero no podrán reconocer la verdad».

79. Una mujer de entre la multitud le dijo: «Dichoso el vientre que te llevó y los pechos que te amamantaron».

Él le contestó: «Bienaventurados aquellos que han escuchado la palabra del Padre y la han guardado de verdad. Porque vendrán días en que diréis: *Bendito el vientre que no concibió y los pechos que no amamantaron*».

80. Jesús dijo: «Todo aquel que ha conocido el mundo ha encontrado el cuerpo. Pero aquel que ha encontrado el cuerpo, el mundo no es digno de él».

81. Jesús dijo: «Quien sea rico, que sea rey. Y quien tenga poder, que renuncie a él».

82. Jesús dijo: «Quien esté cerca de mí, está cerca del fuego. Y quien esté lejos de mí, está lejos del Reino».

83. Jesús dijo: «Las imágenes se hacen visibles al hombre, pero la luz que hay en ellas está latente en la imagen de luz del Padre. Él se manifestará, pero su imagen quedará eclipsada por su luz».

84. Jesús dijo: «Cuando contempláis vuestras imágenes os alegráis, pero cuando veáis vuestras propias imágenes delante de vosotros imperecederas e invisibles, ¿cuánto seréis capaces de aguantar?».

85. Jesús dijo: «Adán existió gracias a un gran poder y a una gran riqueza, pero no llego a ser digno de vosotros, pues si hubiera sido digno no habría hallado la muerte».

86. Jesús dijo: «Las zorras tienen guarida y los pájaros del cielo nido, mas el Hijo del Hombre no tiene donde reclinar su cabeza.».

87. Jesús dijo: «Despreciable el cuerpo que depende de otro cuerpo, y despreciable es el alma que depende de ambos».

88. Jesús dijo: «Los ángeles y los profetas vendrán a vosotros y os darán lo que es vuestro. Dadles también vosotros lo que tenéis, y decíos a vosotros mismos: *¿Cuándo vendrán ellos a tomar lo que es suyo?*».

89. Jesús dijo: «¿Por qué laváis la parte de fuera del vaso? ¿No comprendéis que aquel que hizo la parte de dentro hizo también la parte de fuera?».

90. Jesús dijo: «Venid a mí, pues mi carga es ligera y mi dominio suave. En mí encontraréis descanso para vosotros».

91. Ellos le dijeron: «Dinos quién eres, para que creamos en ti».

Él les dijo: «Observáis el aspecto del cielo y de la tierra, pero no sois capaces de reconocer al que está delante de vosotros ni de distinguir este momento».

92. Jesús dijo: «Buscad y encontraréis.

»Pero aquello que me preguntabais en el pasado y yo no os daba respuesta, quisiera responderlo ahora, aunque ahora no me preguntáis».

93. Jesús dijo: «No echéis lo santo a los perros, pues pueden echarlo a la basura, no arrojéis las perlas [a] los cerdos, para que no las destrocen».

94. Jesús [dijo]: «Quien busca encontrará, y [al que llama] se le abrirá».

95. [Jesús dijo]: «Si tenéis dinero, no lo prestéis con interés, sino dádselo a alguien que no os lo vaya a devolver».

96. Jesús [dijo]: «El reino del Padre es como una mujer que tomó un poco de levadura, la [puso] en la masa e hizo con ella grandes hogazas de pan. Quien tenga oídos, que oiga».

97. Jesús dijo: «El reino [del Padre] se parece a una mujer que transportaba una vasija llena de harina. Mientras iba por un camino lejano, se rompió el asa y la harina se fue derramando tras ella por el camino. Ella no se dio cuenta del problema y cuando llegó a su casa encontró el recipiente vacío».

98. Jesús dijo: «El reino del Padre se parece a un hombre cuyo deseo es matar a una persona fuerte y poderosa. Sacó su espada en casa y la clavó en la pared para ver si tenía fuerza en la mano. Después mató a la persona fuerte y poderosa».

99. Los discípulos le dijeron: «Tus hermanos y tu madre están afuera».

El les dijo: «Los que están aquí presentes que hacen la voluntad de mi Padre, éstos son mis hermanos y mi madre; ellos son los que entrarán en el reino de mi Padre».

100. Le mostraron a Jesús una moneda de oro y le dijeron: «las personas del César nos exigen que paguemos los impuestos».

Él les dijo: «Dad al César lo que es de César y a Dios lo que es de Dios y dadme a mí lo que es mío».

101. Jesús dijo: «El que no odie a su padre y a su madre como yo, no podrá ser mi [discípulo; y quien [no] ame a su [padre y] a su madre como yo, no podrá ser mi [discípulo]; pues mi madre […], pero mi verdadera [madre] me ha dado la vida».

102. Jesús dijo: «Ay de los fariseos, pues son como un perro echado sobre un pesebre de vacas: ni come él, ni [deja] comer a las vacas».

103. Jesús dijo: «Bienaventurados los hombres que saben por dónde van a entrar los ladrones, pues pueden ponerse en movimiento, reunir sus bienes y prepararse para la acción antes de que lleguen los ladrones».

104. Le dijeron: «Ven, vamos a rezar y a ayunar».

Respondió Jesús: «¿Qué pecado he cometido, o en qué he sido vencido? Cuando el novio abandone la cámara nupcial, que entonces ayunen y oren».

105. Jesús dijo: «Quien conozca al padre y a la madre, será llamado hijo de una ramera».

106. Jesús dijo: «Cuando hagáis de dos cosas una sola, os convertiréis en hijos del hombre; y si decís: *¡Montaña, muévete de aquí!*, se moverá».

107. Jesús dijo: «El Reino es semejante a un pastor que poseía cien ovejas. Una de ellas, la más grande, se perdió. Entonces el pastor dejó abandonadas a las noventa y nueve y se fue a buscar a ésta hasta que la encontró. Después dijo a la oveja: *Te amo más que a las noventa y nueve*».

108. Jesús dijo: «Todo aquel que beba de mi boca, será como yo, y yo mismo me convertiré en él, y lo que está oculto se le revelará».

109. Jesús dijo: «El Reino se parece a un hombre que tenía escondido un tesoro en su campo y no lo sabía. Al morir dejó el campo en herencia a su hijo, el cual tampoco lo sabía, pero tomó el campo y lo vendió. Vino, entonces, el comprador y, arando, encontró el tesoro. Entonces comenzó a prestar dinero con intereses a quienes le pareció».

110. Jesús dijo: «Aquel que encuentre el mundo y se haga rico, ¡que renuncie al mundo!».

111. Jesús dijo: «Los cielos y la tierra serán arrollados en presencia vuestra, pero todo el que vive del Viviente, no conocerá muerte.

¿No dijo Jesús: quien se encuentra a sí mismo, el mundo no es digno de él?».

112. Jesús dijo: «¡Ay de la carne que depende del alma! ¡Ay del alma que depende de la carne!».

113. Sus discípulos le dijeron: «¿Cuándo vendrá el Reino?».

«No vendrá por que sea esperado. No dirán: *¡Miradlo aquí!* o *¡miradlo allá!*, sino que el reino del Padre está por toda la tierra y los hombres no lo ven».

114. Simón Pedro les dijo: «Haced que María se aleje de nosotros, pues las mujeres no son dignas de la vida».

Jesús dijo: «Mira, yo me encargaré de hacerla un varón, para que ella pueda convertirse en un espíritu viviente como vosotros los hombres, pues toda mujer que se haga varón, entrará en el reino del Cielo».

El
Evangelio
de
Felipe 2

Un hebreo hace a otro hebreo y a esa persona se le llama «prosélito». Pero un prosélito no hace a otro prosélito. […] como son [...] y hacen a otros como a sí mismos, mientras que otros existen solamente.

El esclavo solo busca ser libre, pues no espera adquirir la posición de su amo. Pero el hijo no es solo hijo, sino que pretende la herencia del padre. Los que son herederos de los muertos ellos mismos están muertos y heredan de los muertos. Los que son herederos de lo que está vivo, están vivos y heredan tanto lo vivo como lo muerto. Los muertos no heredan nada de nadie. Pues ¿cómo puede heredar lo que está muerto? Si el que está muerto hereda de quien vive, no morirá, sino que el que está muerto vivirá todavía más.

Un gentil no muere, porque nunca ha vivido para que luego pueda morir. El que ha creído en la verdad ha encontrado la vida y corre el peligro de morir porque está vivo. Desde que vino el Cristo, el mundo fue creado, las ciudades se adornaron, los muertos retirados. Cuando éramos hebreos estábamos huérfanos y teníamos sólo a nuestra madre, mas cuando llegamos a ser cristianos tuvimos madre y padre.

Los que siembran en invierno, cosechan en verano. El invierno es el mundo, el verano es el otro eón (reino eterno). Sembremos en el mundo para que podamos cosechar en verano. Por esto no es apropiado para nosotros orar en invierno. El verano sigue al invierno. Pero si alguien cosecha en invierno, no hará cosecha alguna, sino que solo arrancará, y esto no le proporcionará ninguna cosecha.. Su fruto no solamente […], sino que además […] será estéril en sábado.

Cristo vino a rescatar a algunos, a salvar a otros, a redimir a otros. Rescató a los que eran extraños y los hizo algo propio. Y apartó a los suyos, a los que, por su libre voluntad, hizo la promesa. No solo dio su vida de forma voluntaria cuando apareció, sino que voluntariamente entregó su vida desde el mismo día en que el mundo vino a la existencia. Entonces vino primero para tomarlo porque se le había dado como una promesa. El mundo había caído en manos de ladrones y fue hecho cautivo, pero Él lo salvó. Él redimió a la gente buena que había en el mundo así como a la mala.

Luz y oscuridad, vida y muerte, derecha e izquierda, son hermanos el uno del otro. Son inseparables. Debido a esto, ni los buenos son buenos, ni el mal es mal, ni la vida es vida, ni la muerte es muerte. Por esta razón cada uno se disolverá en su naturaleza original. Pero aquellos que son exaltados por encima del mundo son indisolubles, eternos.

Los nombres dados a las cosas mundanas son muy engañosos. Porque ellos distraen nuestros pensamientos de lo correcto a lo incorrecto. Así que uno oye la palabra «Dios» no percibe lo que es correcto, sino que percibe lo que es incorrecto. Así también con «el Padre» y «el Hijo» y «el Espíritu Santo» y «vida» y «luz» y «resurrección» y «la Iglesia (Ekklesia)» y todo lo demás: la gente no percibe lo que es correcto, sino lo que es incorrecto, a menos que hayan llegado a conocer lo que es correcto. Los nombres que se oyen están en el mundo […] engañar. Si estuvieran en el eón, en ningún momento se utilizarían como nombres del mundo. Tampoco se establecerían entre las cosas mundanas. Ellos tienen un fin en el eón.

Solo hay un nombre que no se pronuncia en el mundo, el nombre que el Padre dio al Hijo, el nombre que está por encima de todas las cosas: el nombre del Padre. Porque el Hijo no se convierte en el Padre a menos que use el nombre del Padre. Aquellos que tienen este nombre entienden pero no hablan de él. Pero los que no lo tienen, no lo entienden.

Pero la verdad ha creado nombres en el mundo para nuestro bien, porque no es posible aprehenderla sin nombres. La verdad es una sola cosa, aunque también es muchas cosas para nuestro bien, para que aprendamos esta única cosa en amor mediante muchas cosas. Los gobernantes (Arcontes) querían engañar al hombre porque veían que tenía parentesco con los que son realmente buenos. Tomaron el nombre de aquellos que son buenos y se lo dieron a los que no son buenos, para que a través de los nombres puedan proceder con engaño y vincularlos a los que no son buenos. Y después si les hacen un favor, los obligarán a retirarlos de los que no son buenos y colocarlos entre los que son buenos. Estas cosas las sabían, porque deseaban raptar al que es libre y convertirlo en su esclavo para siempre.

Hay potencias que […] el hombre, no deseando que éste llegue a salvarse, para poder ellos [...]. Porque si el hombre llega a salvarse, no habrá ningún sacrificio […] y no se ofrecerán animales a las potencias. De hecho, los animales son los que fueron sacrificados. Ciertamente los ofrecían vivos, pero, al ser sacrificados, morían. En cuanto al hombre, fue ofrecido a Dios muerto y vivió.

Antes de la venida de Cristo no había nada de pan en el mundo, igual que en el Paraíso, el lugar donde estaba Adán, había muchos árboles para alimentar a los animales, pero ningún trigo para alimentar al hombre. El hombre acostumbraba a alimentarse como los animales, pero cuando vino el Cristo, el hombre perfecto, trajo pan del cielo para que el hombre pudiera alimentarse con el alimento del hombre. Los gobernantes pensaron que, por su propio poder y voluntad, estaban haciendo aquello, pero el Espíritu Santo en secreto estaba realizando todo a través de ellos tal y como deseaba. La verdad, que existía desde el principio, se siembra en todas partes. Y muchos la ven mientras está siendo sembrada, pero son pocos los que la ven cuando está siendo cosechada.

Algunos dijeron: «María concibió por el Espíritu Santo». Están en un error. No saben lo que están diciendo. ¿Cuándo jamás una mujer concibió de una mujer? María es la virgen a quien ninguna potencia ha contaminado. Ella es un gran anatema para los hebreos, quienes son los apóstoles y los hombres apostólicos. Esta virgen que ninguna potencia contaminó [...] los poderes se contaminan ellos mismos. Y el Señor no habría dicho: «Mi Padre que está en los Cielos» (Mt. 16:17), a menos que él hubiera tenido otro padre, sino que habría dicho simplemente «Mi padre».

El Señor dijo a sus discípulos, « [...] de toda casa. Entrad en la casa del Padre. Pero no llevéis (nada) a la casa del Padre ni lo saquéis de ella».

«Jesús» es un nombre secreto. «Cristo» es un nombre revelado. Por esta razón «Jesús» no existe en ninguna lengua, sino que su nombre es «Jesús» como se le llama generalmente. En cuanto a su nombre en siriaco, es «Mesías»; en griego es «Cristo». Ciertamente todos los demás lo tienen también de acuerdo a la lengua de cada uno. «El Nazareno» es quien revela lo que es secreto. Cristo encierra todo en sí mismo, ya sea hombre o ángel o misterio, y también al Padre.

Los que dicen que el Señor murió primero y (después) resucitó se engañan, porque Él primero resucitó y (después) murió. Si uno no alcanza primero la resurrección, no morirá. Tan (cierto) como que Dios vive, éste debería [...].

Nadie esconderá un objeto valioso entre un gran recipiente, sino que se oculta algo que es muy valioso dentro de alguna cosa de poco valor. Se puede comparar esto con el alma. Es un objeto precioso, y ha llegado a estar en el interior de un cuerpo despreciable.

Algunos tienen miedo de resucitar desnudos. Por esto desean resucitar en la carne, pero no saben que los que están revestidos de carne son los que están desnudos. Aquellos que [...] desnudarse son los que no están desnudos. La carne y la sangre no heredarán el Reino de Dios (1 Co 15:50). ¿Cuál es la carne que no heredará? Pero ¿cuál es, por el contrario, la que va a heredar? La que está en nosotros. La que pertenece a Jesús y a su sangre. Por eso dijo: «el que no come mi carne y bebe mi sangre no tiene vida en sí». ¿Qué es eso? Su carne es el Verbo y su sangre es el Espíritu Santo. Quien ha recibido estas cosas tiene alimento, bebida y vestido. Creo que están en un error los que dicen que no resucitará. Ambos están confundidos. Tú dices que la carne no resucitará. Pues dime lo que resucitará para que podamos hacerte los honores. Tú dices que el espíritu en la carne, y también la luz en la carne, esto también está en la carne porque de todo lo que dices nada está fuera de la carne. Es necesario resucitar en la carne puesto que todo existe en ella. En este mundo los que se visten con vestidos valen más que los vestidos. En el Reino de los Cielos los vestidos valen más que quienes se los ponen.

Es a través del fuego y el agua como es purificado todo el lugar –lo visible por lo visible, lo oculto por lo oculto–. Hay algunas cosas ocultas a través de las que son visibles. Hay agua en el agua, hay fuego en la unción.

Jesús los llevó a todos a escondidas, pues no se reveló a sí mismo como era, sino que lo hizo de la manera en que pudiera ser visto. Se reveló a todos ellos, a los grandes como grande. A los pequeños como pequeño. A los ángeles como un ángel, y a los hombres como un hombre. Por esto su Verbo se ocultó a todos. Es más, algunos lo vieron creyendo que se estaban viendo a sí mismos, mas cuando apareció a sus discípulos de forma gloriosa en el monte, no era pequeño. Se había hecho grande e hizo grandes a los discípulos para que pudieran verlo en su grandeza.

Aquel día dijo en la acción de gracias: «Vosotros que os habéis unido a la luz perfecta, con el Espíritu Santo, unid a los ángeles con nosotros también, como las imágenes». No despreciéis al cordero porque sin él no es posible ver al rey. Nadie será capaz de entrar en la presencia del rey si está desnudo.

El hombre celestial tiene muchos más hijos que el hombre terrenal. Si los hijos de Adán son muchos, aunque mueran, son muchos más los hijos del hombre perfecto, pues no mueren, sino que siempre son engendrados. El padre hace a un hijo y el hijo no tiene el poder de hacer a un hijo. Porque quien ha sido engendrado no tiene el poder de engendrar, sino que el hijo se procura hermanos, no hijos. Todos los que son engendrados en el mundo son engendrados por la naturaleza, y los demás, por el espíritu. Los que son engendrados por Él gritan desde ese lugar al hombre porque son alimentados por la promesa del lugar celestial que viene de [...] boca, porque si el Verbo hubiera salido de allí, debería ser alimentado por la boca y así sería perfecto. Porque mediante un beso los perfectos conciben y dan a luz. Por esta razón nosotros también nos besamos los unos a los otros. Recibimos la concepción de la gracia que hay en cada uno de vosotros.

Había tres que siempre caminaban con el Señor: María su madre, su hermana (de María) y Magdalena, a quien llamaron la compañera del Señor. Todas: su hermana y su madre y su compañera se llamaban María.

«El Padre» y «El Hijo» son nombres simples. «El Espíritu Santo» es un nombre compuesto. Aquellos están en todas partes: arriba, abajo: están en lo oculto, en lo revelado. El Espíritu Santo está en lo revelado: está abajo. Está en lo oculto: está arriba.

A los santos les sirven potencias malignas, pero son cegadas por el Espíritu Santo para que piensen que sirven a un hombre (ordinario) siempre que operan a favor de los santos. Por eso un discípulo pidió un día al Señor algo de este mundo. Él le dijo: «Pide a tu madre y ella te dará de las cosas que pertenecen a otro».

Los Apóstoles dijeron a los discípulos, «Que toda nuestra ofrenda obtenga sal». Llamaron «sal» a Sofía. Sin ella ninguna ofrenda es aceptable. Pero Sofía es estéril, sin hijos. Por esta razón, se le llama «una traza de sal». Pero dondequiera que se […] a su manera el Espíritu Santo […], y sus hijos son numerosos.

Lo que posee el padre pertenece al hijo, y al hijo mismo, mientras es pequeño, no se le confía lo que es suyo. Pero cuando el hijo se hace un hombre, su padre le entrega todo aquello que posee.

Los que se han ido por mal camino, a quienes el Espíritu engendra, generalmente se apartan por causa del Espíritu. De la misma manera por un único y mismo soplo el fuego se atiza y se apaga.

Echamoth es una cosa y Echmoth otra. Echamoth es simplemente Sabiduría, pero Echmoth es la Sabiduría de la muerte, que es la única que conoce la muerte, la que es llamada «la Sabiduría pequeña».

Hay animales domésticos, como el toro y el asno y otros parecidos. Otros son salvajes y viven aparte en los desiertos. El hombre ara el campo con la ayuda de los animales domésticos y de esta forma se alimenta él y los animales, ya sean domésticos o salvajes. Comparémoslo con el hombre perfecto. Por medio de poderes que le son sumisos, ara el campo preparándose para que todo llegue a ser. Porque a causa de esto todo el lugar se mantiene en pie, ya sean los buenos y los malos, de los que están a la derecha y de los que están a la izquierda. El Espíritu Santo apacienta a todos y rige a todos los poderes, los «domésticos» y los «salvajes», al igual que aquellos que son únicos. Porque ciertamente Él [...] vence y los encierra para que, aunque quieran, no puedan escapar.

Aquel que ha sido creado es hermoso y encontrará que sus hijos son una creación noble. Si él no hubiera sido creado sino engendrado, estarías también de acuerdo en que su posteridad es noble. Pero fue creado y engendrado. ¿Qué nobleza es ésta? Primero fue el adulterio, después el asesinato. Y él fue engendrado en adulterio porque fue el hijo de la serpiente. Así que llegó a ser un asesino, semejante a su padre, y mató a su hermano. De hecho, toda relación sexual que se realiza entre los que no son semejantes entre sí es adulterio.

Dios es tintorero. Así como el buen tinte desaparece, el que es llamado «verdadero», se disuelve con las cosas que han sido teñidas en él, así ocurre con aquellos a los que Dios ha teñido. Puesto que sus señales son inmortales, ellos son inmortales gracias a sus colores. Ahora bien, Dios bautiza a los que Él bautiza con agua.

No es posible para nadie ver nada de las cosas que en realidad existen a menos que se haga semejante a ellas. No es de esta manera para el hombre en el mundo: ve el sol sin ser un sol; y ve el cielo y la tierra y todas las demás cosas, pero no es estas cosas. Esto está de acuerdo con la verdad. Pero tú viste algo de ese lugar y llegaste a ser aquellas cosas. Viste al espíritu y te convertiste en espíritu. Viste a Cristo, te convertiste en Cristo. Viste al Padre, te convertirás en el Padre. Así que en este lugar ves todo y no te ves a ti mismo, pero en ese lugar te ves a ti mismo, y te convertirás en lo que ves.

La fe recibe, el amor da. Nadie podrá jamás recibir sin fe. Nadie podrá jamás dar sin amor. Debido a esto, para poder recibir realmente, creemos, y con el fin de que podamos amar, damos; por esto, si no se da con amor no se aprovecha de lo que se ha dado. Aquel que no ha recibido al Señor es todavía un hebreo.

Los apóstoles que fueron antes de nosotros tenían estos nombres para Él: «Jesús, el nazareno, Mesías», esto es, «Jesús, el Nazareno, el Cristo». El último nombre es «Cristo», el primero es «Jesús», el de en medio es «el Nazareno». «Mesías» tiene dos significados, «el Cristo» y «el medido». «Jesús» en hebreo es «la redención». «Nazara» es «la Verdad». «El Nazareno», entonces, es «la Verdad». «Cristo» […] ha sido medido. «El Nazareno» y «Jesús» son quienes han sido medidos.

Cuando la perla se tira al barro no por ello pierde su valor, ni se hace más preciosa porque se la trate con ungüento de bálsamo. Sino que, a los ojos de su poseedor, conserva siempre su valor. Se puede comparar con los hijos de Dios: en cualquier parte que estén, tienen siempre valor a los ojos de su Padre.

Si dices: «Soy judío», nadie se conmoverá, si dices: «Soy romano», nadie se inquietará. Si dices: «Soy griego, bárbaro, esclavo, libre», nadie se turbará. Si dices: «Soy cristiano», el […] temblará. Ojalá reciba yo ese nombre. Ésta es la persona a la que los […] no podrán soportar […] su nombre.

Dios es un antropófago. Por esta razón se le ofrecen los hombres en sacrificio. Antes de que los hombres fueran sacrificados eran sacrificados los animales, pues no eran dioses aquellos a los que se les ofrecía este sacrificio.

Las jarras de cristal y los cacharros de barro son hechos ambos por medio del fuego. Pero si las jarras de cristal se rompen se pueden recomponer porque llegaron a ser por medio de un soplo. Si se rompen los cacharros de barro, sin embargo, quedan destruidos pues no intervino ningún soplo en su construcción.

Un asno dando vueltas alrededor de una piedra de un molino caminó cien millas. Cuando lo soltaron se encontró con que estaba todavía en el mismo sitio. Hay hombres que hacen muchos viajes pero que no avanzan hacia ningún destino. Cuando les llegó la noche no vieron ninguna ciudad ni ningún pueblo, ni creación, ni naturaleza, ni potencia, ni ángel. Los desgraciados habían trabajado en vano.

La eucaristía es Jesús. Pues en siriaco se le llama «Pharisatha», que significa «el que se extiende», porque Jesús vino para crucificar al mundo.

El Señor fue a la Tintorería de Leví, tomó 72 colores diferentes y los puso en una tinaja. Luego los sacó todos teñidos de blanco. Y dijo: «así viene también el Hijo del Hombre: como un tintorero». Referente a la Sabiduría que es llamada «la estéril», es la madre de los ángeles. Y la compañera del […] María Magdalena. […] la amó más que a todos los discípulos y a menudo, acostumbraba a besarla en la boca. El resto de los discípulos […]. Le dijeron: «¿Por qué la amas más que a todos nosotros?». El Salvador respondió y les dijo: «¿Por qué no os amo igual que a ella?». Cuando un ciego y un vidente se encuentran juntos en la oscuridad, el uno no distingue al otro. Cuando llega la luz, entonces el vidente verá la luz y el ciego seguirá a oscuras.

El Señor dijo: «Bienaventurado aquel que existe antes de llegar a ser. Porque existe, ha existido y existirá».

La superioridad del hombre no es evidente al ojo, sino que está oculta a la vista. Por consiguiente, tiene dominio sobre los animales que son más fuertes que él y grandes en relación con lo evidente y lo secreto. Esto les permite sobrevivir. Pero si el hombre se separa de ellos, se matan y muerden unos a otros. Se comían unos a otros porque no encontraron ningún alimento. Pero ahora han encontrado alimento porque el hombre ha cultivado el suelo.

Si uno se introduce en el agua y sale sin haber recibido nada y dice: «Soy cristiano», ha tomado prestado este nombre. Pero si recibe el Espíritu Santo, tiene el nombre como un regalo. Éste, que ha recibido un regalo, no tiene que devolverlo, pero al que ha recibido un préstamo se le exige un pago. Así ocurre cuando alguien experimenta un misterio.

¡Grande es el misterio del matrimonio! Porque sin él no existiría el mundo. Ahora la existencia del mundo [...] y la existencia del [...] matrimonio. Pensad en la relación [...] porque posee [...] poder. Su imagen se compone de una deshonra.

Entre los espíritus impuros los hay machos y hembras. Los machos son los que se unen con las almas que habitan en una forma femenina, pero las hembras son las que se mezclan con los que viven en una forma masculina por culpa de una desobedienciaY ninguno puede escapar de ellos porque los retienen si el novio y la novia no reciben un poder masculino o un poder femenino desde el reflejo de la cámara nupcial. Cuando las mujeres lascivas ven a un varón sentado solo, saltan sobre él y juegan con él y lo contaminan. Lo mismo sucede con los hombres lascivos, cuando ven a una mujer hermosa que está sentada sola, la persuaden, la impulsan queriendo contaminarla. Pero si ven al hombre y a su mujer sentados juntos, la hembra no puede ir al hombre ni el varón a la mujer. Así que si la imagen y el ángel están unidos entre sí no pueden arriesgarse a entrar en el hombre ni en la mujer.

El que sale del mundo no puede ya ser detenido con el argumento de que ya estuvo en el mundo. Evidentemente está sobre el deseo de el [...] y el miedo. Es el amo de la [...]. Es superior la envidia. Si [...] viene, se apoderan de él y lo sofocan. ¿Y cómo podrá éste escaparse del gran [...] potencias? ¿Cómo podrá [...]? Hay algunos que dicen: «Somos fieles», para [...] los espíritus inmundos y los demonios. Porque si tuvieran el Espíritu Santo ningún espíritu inmundo se pegaría a ellos. No temas la carne ni la ames. Si la temes, se convertirá en tu maestro y amo. Si la amas, te devorará y te paralizará.

O estará en este mundo o en la resurrección o en los lugares intermedios. No quiera Dios que yo sea encontrado allí. En este mundo hay bien y mal. Las cosas buenas nos son buenas, y las malas no son las malas. Pero hay algo malo después de este mundo que es verdaderamente malo, lo que se denomina «el medio». Es muerte. Mientras estamos en este mundo nosotros hemos de alcanzar la resurrección para que cuando depongamos la carne podamos ser hallados en descanso y no tengamos que caminar en el medio. Porque muchos yerran por el camino. Es, pues, bueno salir del mundo antes de haber pecado.

Hay algunos que no tienen voluntad ni pueden. Otros, aunque quieran, no les sirve de nada por no haber obrado. Así que un [...] querer los hace pecadores. Y si algunos no desean ser pecadores, la justicia se esconderá de ambos: los que no desean y los que no hacen.

Un apóstol en una visión vio a algunas personas encerradas en una casa en llamas y encadenadas con cadenas de fuego, tumbadas en un [...] de llamas. [...] y él les dijo, [...] ¿salvarse?». [...], «Ellos no lo desean. Recibieron [...] castigo, lo que se denomina la [...] oscuridad, porque él [...]».

Del agua y del fuego nacen el alma y el espíritu. Esto es, del agua y del fuego y de la luz (nace) el hijo de la cámara nupcial. El fuego es la unción, la luz es el fuego. No me estoy refiriendo a ese fuego que no posee forma, sino al otro fuego cuya forma es de color blanco que es refulgente y hermosa, y que da hermosura.

La verdad no vino al mundo desnuda sino que vino envuelta en símbolos e imágenes. El mundo no recibirá la verdad de otra manera. Hay un renacimiento y una imagen del renacimiento. Es indispensable nacer de nuevo a través de la imagen. ¿Qué es la resurrección? La imagen tiene que resucitar por la imagen. La cámara nupcial y la imagen tienen que entrar a través de la imagen en la verdad: ésta es la restauración. Es apropiado que aquellos que la tienen no sólo adquieran el nombre del Padre y el Hijo y el Espíritu Santo, sino que lo hayan adquirido por sí mismos. Si uno no adquiere el nombre por sí mismo, el nombre (de «cristiano») le será arrebatado también. Pero uno recibe la unción de la […] del poder de la cruz. A este poder los apóstoles lo llamaron «la derecha y la izquierda». Porque esta persona ya no es un cristiano, sino un Cristo.

El Señor realizó todo en un misterio: un bautismo, y una unción, y una eucaristía, y una redención y una cámara nupcial. […] dijo: «Yo vine a hacer lo que está abajo como lo que está arriba, las cosas que están fuera como las que están dentro. Vine a unirlas a todas en un lugar». […] en este lugar mediante símbolos […] e imágenes.

Los que dicen «Hay un hombre celestial y hay quien está por encima de él», se equivocan. Porque el que es revelado es el que llaman «el que está debajo»; y aquel que posee lo oculto es el que está por encima de él. Por eso sería mejor decir: «Lo interior y lo exterior y lo que está fuera de lo externo». Debido a esto, el Señor llamó a la destrucción la oscuridad externa, fuera de la cual no hay nada.

Él dijo: «Mi Padre que está en lo secreto». También dijo: «Entra en tu habitación, cierra la puerta y ora a tu Padre que está en lo secreto» (Mt. 6:6), el que está en el interior de todos ellos. Lo que está dentro de todos ellos es la plenitud. Más interior que él no hay nada. Este es del que dicen: «ese que está por encima de ellos».

Antes de Cristo vinieron algunos de un lugar en el que ya no podían volver a entrar, y fueron al sitio del que ya no podían salir. Entonces Cristo vino y sacó a los que entraron y volvió a meter a los que salieron.

Cuando Eva estaba todavía dentro de Adán, no existía la muerte. Cuando fue separada de él, la muerte vino a la existencia. Si él volviera otra vez a ser completo, y alcanzara su antiguo ser, la muerte dejaría de existir.

«Dios mío, Dios mío, ¿por qué me has abandonado?» (Marcos 15:34). Fue en la cruz cuando dijo estas palabras, porque allí fue dividido.

[…] los que han sido engendrados a través del que […] de Dios.

El […] de entre los muertos. […] a ser, pero ahora […] perfecto. […] carne, pero ésta es […] la carne verdadera. […] no es verdadera, sino que […] sólo una imagen de la verdadera.

Una cámara nupcial no es para los animales, ni para los esclavos, ni para las mujeres contaminadas; sino que es para los hombres libres y para las vírgenes.

Por el Espíritu Santo hemos sido engendrados de nuevo, pero somos reengendrados a través de Cristo. En ambos casos somos ungidos a través del Espíritu. Cuando fuimos engendrados, nos unimos. Nadie podrá verse a sí mismo ni en el agua ni en un espejo sin luz. Ni podrá verse a sí mismo, aun teniendo luz, sin agua o espejo. Por esta razón hay que bautizarse con dos cosas, con la luz y con el agua. Ahora bien, la luz es la unción.

Había tres edificios destinados específicamente al sacrificio en Jerusalén. La cara de uno daba hacia occidente y era llamado «el Santo». La cara del otro estaba orientada hacia el sur, y era llamado «el Santo del Santo». El tercer edificio daba a oriente y era llamado «el Santo de los Santos», el lugar donde sólo entra el sumo sacerdote. El bautismo es el edificio «Santo». La redención es «el Santo del Santo». «El Santo de los Santos» es la cámara nupcial. El bautismo incluye la resurrección y la redención; la redención (tiene lugar) en la cámara nupcial. Sin embargo, la cámara nupcial es superior a […], porque no se puede encontrar […]. […] son los que rezan […] Jerusalén los que […] Jerusalén, […] éstos son llamados «el Santo de los Santos» […] el velo que se ha […] la cámara nupcial excepto la imagen […] su velo fue desgarrado de arriba abajo. Porque era necesario que algunos subieran de abajo arriba.

Las potencias no ven a los que están vestidos de la luz perfecta, y, por consiguiente, no son capaces de detenerlos. Uno puede revestirse de esta luz en el sacramento, en la unión.

Si la mujer no se hubiera separado del hombre, no moriría con él, su separación se convirtió en el comienzo de la muerte. Debido a esto, Cristo vino a reparar la separación que existía desde el principio y a unir otra vez a los dos, y a dar vida a los que murieron como resultado de la separación, y a unirlos. Pero la mujer está unida a su marido en la cámara nupcial. De hecho, aquellos que se han unido en la cámara nupcial, no serán separados. Por eso Eva se separó de Adán porque no se había unido con él en la cámara nupcial.

El alma de Adán vino a la existencia mediante un soplo, la pareja de su alma es el espíritu. Su madre es lo que le fue dado. Su alma fue reemplazada por un espíritu. Cuando se unió (al espíritu), habló palabras incomprensibles para las potencias. Éstas le enviaron […] pareja espiritual […] oculto […] oportunidad […] para ellos solos […] la cámara nupcial, así que […].

Jesús reveló […] Jordán. La plenitud del Reino de los Cielos. Aquel que había sido engendrado antes de todas las cosas fue engendrado de nuevo. El que una vez fue ungido, fue ungido de nuevo. El que fue redimido, redimió a su vez (a otros).

De hecho, hay un misterio. El Padre de todo se unió con la Virgen que descendió, y un fuego le iluminó aquel día. Apareció en la gran cámara nupcial. Por lo tanto, su cuerpo nació ese mismo día. Dejó la cámara nupcial como aquel que fue engendrado por el esposo y la esposa, así Jesús estableció todo a través de esto. Es conveniente para todos sus discípulos entrar en su descanso.

Adán debe su origen a dos vírgenes: al Espíritu y a la tierra virgen. Cristo, por lo tanto, nació de una virgen para reparar la caída que se produjo en el principio.

Dos árboles crecen en el paraíso, uno produce animales, el otro produce hombres. Adán comió del árbol que producía animales. Se convirtió en un animal, y engendró animales. Por eso adoran los hijos de Adán a los animales. El árbol […] fruta […] es el […] fruto del […], por eso aumentaron los […] hombre […]. Dios creó al hombre […] los hombres crean a Dios. Así ocurre también en el mundo: los hombres hacen dioses y adoran su creación. Sería conveniente que fueran los dioses los que venerasen a los hombres.

Ciertamente, lo que un hombre realiza depende de sus capacidades. En este sentido, nos referimos a los logros de uno como capacidades. Entre sus logros se encuentran sus hijos, que se originan en un momento de forma fácil. Por tanto, sus capacidades determinan lo que puede realizar, pero esta facilidad queda evidente de manera clara en los niños. Se puede ver que esto se aplica directamente a la imagen. Aquí tenemos al hombre hecho de acuerdo a una imagen, que hace cosas con su fuerza física, pero que produce sus hijos con facilidad.

En este mundo, los esclavos sirven a los que son libres. En el Reino de los Cielos los hombres libres servirán a los esclavos: los hijos de la cámara nupcial servirán a los hijos del matrimonio. Los hijos de la cámara nupcial tendrán solo un nombre: reposo. No necesitan tomar otra forma porque tienen la contemplación [...]. Son numerosos [...] en las cosas [...] las glorias [...].

Aquellos [...] descenderán al agua [...] fuera (del agua), la consagrará [...] aquellos que hayan [...] en Su nombre. Porque Él dijo: «Cumplamos toda justicia» (Mt. 3:15).

Los que dicen que primero hay que morir para luego resucitar están en un error. Si no reciben primero la resurrección mientras están vivos, cuando mueran no recibirán nada. Lo mismo sucede cuando hablan acerca del bautismo diciendo: «El bautismo es una gran cosa», porque si la gente lo recibe, vivirá.

El apóstol Felipe dijo: «José el carpintero plantó un jardín porque necesitaba madera para su comercio. Fue él quien hizo la cruz de los árboles que plantó. Colgó su propia descendencia de lo que había plantado. Su descendencia era Jesús, y lo que había plantado era la cruz». Pero el Árbol de la Vida está en el centro del jardín. Sin embargo, obtenemos la unción del olivo, y de la unción nos ha llegado también la resurrección.

Este mundo es necrófago. Todas las cosas comidas en él también mueren. La verdad, en cambio, se nutre de la vida. Por lo tanto, ninguno que se alimente de ella morirá. Jesús vino desde ese lugar y trajo el alimento. A los que lo deseaban les dio la vida, para que no murieran.

Dios […] un Jardín. El hombre […] jardín. Había […] y […] de Dios […] las cosas que están en […] deseo. Este jardín es el lugar donde van a decirme: […] come esto o no comas aquello, haz como desees. El Árbol del Conocimiento es el lugar donde comeré de todo. Éste mató allí a Adán, pero aquí (el árbol del conocimiento) hizo vivos a los hombres. La ley era el árbol. Tiene capacidad para dar el conocimiento del bien y del mal. No le apartó del mal, ni le hizo hacer el bien y el mal, sino que creó la muerte para aquellos que comían de él. Pues al decir: «Come esto, no comas aquello», se convirtió en el principio de la muerte.

La unción es superior al bautismo, porque es por la palabra «Unción» por la cual nosotros somos llamados «Cristianos», y no por la palabra «Bautismo». Y es a causa de la unción que «el Cristo» tiene su nombre. Porque el Padre ungió al Hijo, y el Hijo ungió a los apóstoles, y los apóstoles, nos ungieron a nosotros. El que ha sido ungido tiene todo, tiene la resurrección, la luz, la cruz, el Espíritu Santo. El padre le ha dado esto en la cámara nupcial; él simplemente lo aceptó. El Padre estaba en el Hijo y el Hijo, en el Padre. Éste es el Reino de los Cielos.

El Señor dijo con razón: «Algunos han entrado riendo en el Reino de los cielos y han salido» […] porque […] cristianos […]. Y tan pronto como […] descendió al agua salió […] todo (de este mundo), […] porque él […] una bagatela, sino […] lleno de preocupación por ello […] el Reino de los Cielos […]. Si desprecia […], y toma a broma […] (saldrá) riéndose. Lo mismo sucede también con el pan y la copa y el óleo, aunque existe algo superior a éstos.

El mundo se produjo por un error. Porque el que lo creó, quería crearlo imperecedero e inmortal. Pero no llegó a alcanzar su deseo. Porque el mundo nunca fue imperecedero Ni, de hecho, lo fue el que hizo el mundo. Porque las cosas no son imperecederas, sino los hijos. Nada podrá recibir inmortalidad sin primero convertirse en un hijo. Pero el que no tiene la capacidad de recibir, ¿cuánto más será incapaz de dar?

La copa de la oración contiene vino y agua, ya que es designada como el símbolo de la sangre por la cual se dan gracias. Y está llena del Espíritu Santo, y pertenece al hombre que es enteramente perfecto. Cuando la bebemos, recibimos en nuestro interior al hombre perfecto. El agua viva es un cuerpo. Es preciso que nos revistamos del hombre viviente. Por eso, cuando alguien se dispone a descender al agua, se desnuda para poder revestirse del hombre viviente.

Un caballo engendra un caballo, un hombre engendra un hombre, un dios engendra a un dios. Comparemos esto con el esposo y la esposa. Han venido de la […]. No judío […] ha existido. Y […] de los judíos […]. Cristianos […] estos […] son conocidos como «el pueblo elegido del […], y «El hombre verdadero » y «el Hijo del Hombre» y «la semilla del Hijo del Hombre». Ésta es la que llaman en el mundo la raza auténtica […]. Donde ellos están, están los hijos de la cámara nupcial.

Considerando que la unión en este mundo está constituida por un marido con su esposa en el Eón (otro mundo o Reino eterno), la forma de unión es diferente, aunque nos referimos a ella con los mismos nombres. Hay otros nombres, no obstante; son superiores a cualquier otro nombre nombrado, y son más fuertes que lo fuerte. Porque donde hay una demostración de fuerza están los que parecen superar esa fuerza. Éstos no son algo separado, sino que ambos son una misma cosa. Éste es aquel que no podrá elevarse por encima del corazón de carne.

¿No es esto necesario para que todos aquellos que poseen todo, se conozcan a sí mismo? Algunos, de hecho, si no se conocen a sí mismos, no disfrutarán de lo que poseen. Pero aquellos que han llegado a conocerse a sí mismos disfrutarán de sus posesiones.

No solamente serán incapaces de detener al hombre perfecto, sino que ni siquiera serán capaces de verlo, porque si lo vieran lo retendrían. No hay otro modo de adquirir esta gracia, excepto vistiéndose de la luz perfecta, y haciéndose uno mismo perfecto. Aquel que se ha revestido de ella entrará [...]. Esto es la [...] perfecta que nosotros [...] antes de irnos [...]. Aquel que ha recibido todo [...] podrá [...] ese lugar, sino que [...]. Sólo Jesús conoce el final de esta persona.

El sacerdote es completamente santo, incluso en lo referente a su mismo cuerpo, porque si él ha tomado el pan, lo santifica. La copa o cualquier otra cosa que él tome, será santificada. ¿Entonces, cómo no va a hacer santo también el cuerpo?

Al hacer perfecta el agua del bautismo, Jesús acabó con la muerte. De esta manera nosotros descendemos al agua, pero no descendemos a la muerte para no quedar anegados en el Espíritu del mundo. Cuando ese Espíritu sopla, trae el invierno. Cuando sopla el Espíritu Santo, llega el verano.

El que tiene conocimiento de la verdad, es libre, pero el hombre libre no peca, pues «el que peca, es esclavo del pecado»(Jn. 8:34. La verdad es la madre, el conocimiento es el padre. Aquellos que piensan que el pecar no está relacionado con ellos el mundo los llama «libres». El conocimiento de la verdad, sólo convierte a estas personas en arrogantes, que es lo que significan las palabras «los hace libres». E incluso les dan un sentimiento de superioridad sobre todo el mundo. Pero el amor edifica (1 Co: 8:1). De hecho, el que es realmente libre a través del conocimiento, es un esclavo a causa del amor por los que no han sido capaces aún de alcanzar la libertad del conocimiento. El conocimiento los capacita para llegar a ser libres. El amor nunca llama propio a algo suyo […], él […] posee […]. Nunca dice «esto es tuyo» o «eso es mío», sino «todas estas cosas son tuyas». El amor espiritual es vino y fragancia. De él gozan todos aquellos que se ungen con él, pero también aquellos que están cerca de éstos se aprovechan (de la fragancia). Si aquellos que están ungidos con la unción dejan de ungirse y se marchan, aquellos que no están ungidos, que simplemente están cerca, siguen permaneciendo en su mal olor. El samaritano no dio más que vino y aceite al herido, que no es otra cosa más que la unción. Éste sanó las heridas, porque «el amor cubre multitud de pecados» (1 P. 4:8).

Los hijos de una mujer se parecen al hombre que la ama, si su marido la ama, entonces ellos se parecen a su marido, si es adúltera, entonces se parecen a la adúltera. Frecuentemente, si una mujer duerme con su marido por necesidad, mientras su corazón está con el adúltero con el que tiene habitualmente relaciones sexuales, el niño que nazca será semejante al adúltero. Ahora bien, vosotros que vivís juntos con el Hijo de Dios, no améis al mundo, sino al Señor, con el fin de que aquello que deis a luz no se parezca al mundo, sino al Señor.

El ser humano tiene relaciones sexuales con el ser humano, el caballo con el caballo, el asno con el asno. Los miembros de una raza, generalmente, se han asociado con aquellos de raza semejante. Así el espíritu se une con el espíritu, y el pensamiento con el pensamiento, y la luz con la luz. Si tú has nacido ser humano, será al ser humano a quien ames, si te conviertes en un espíritu, es el espíritu el que se unirá contigo. Si te haces pensamiento, el pensamiento se unirá contigo. Si te conviertes en luz, la luz tendrá comunión contigo. Si te haces como uno de los de arriba, vendrán sobre ti los de arriba. Si te haces un caballo o un asno o un toro o un perro o una oveja o cualquier otro animal que están fuera o debajo, entonces ni el ser humano, ni el espíritu ni el pensamiento ni la luz podrán amarte, ni aquellos que pertenecen arriba ni aquellos que pertenecen adentro podrán descansar en ti y no tendrás parte con ellos.

El que es un esclavo contra su voluntad podrá llegar a ser libre. Aquel que se ha vendido a sí mismo, después de haber sido libre por la gracia de su amo, ya no podrá llegar a ser libre.

La agricultura en el mundo requiere la cooperación de los cuatro elementos esenciales. Una cosecha se recolecta y se reúne en un granero sólo con la acción natural del agua, la tierra, el viento y la luz. La agricultura de Dios tiene, asimismo, cuatro elementos: fe, esperanza, amor y conocimiento. La fe es nuestra tierra, en la cual echamos raíces. La esperanza es el agua, por la que nos nutrimos. El amor es el viento, a través del cual crecemos. El conocimiento, entonces, es la luz, por la que maduramos. La gracia existe de cuatro formas, esto es, nace de la tierra, es celestial; [...] del cielo más alto; y [...] en [...].

Bienaventurado es el que nunca causó turbación al alma [...]. Esa persona es Jesucristo. Vino a todo lugar y no resultó gravoso para nadie. Por eso, bienaventurado es el que es así, porque es un hombre perfecto. Porque el Verbo nos dice que esta clase es difícil de definir. ¿Cómo podríamos realizar algo grande? ¿Cómo nos dará a todos descanso? Sobre todo, no es bueno causar tristeza a nadie –sea una persona grande o pequeña, incrédula o creyente– y después dar reposo únicamente a aquellos que se satisfacen haciendo buenas obras. Hay quien entiende que es bueno dar reposo al que se ha comportado bien. No está al alcance de aquel que hace buenas obras proporcionar reposo a esa gente, porque no está en su mano, pero tampoco puede causarles tristeza. Seguramente el que se comporta bien algunas veces puede causar aflicción a los demás, no porque lo quiera, sino más bien es por causa de la maldad de éstos por la que es responsable del disgusto que sienten. Aquel que posee las cualidades (del hombre perfecto) causa gozo a los que son buenos. Algunos, sin embargo, se angustian en extremo por todo esto.

Hubo un padre de familia que poseía de todo: ya sea hijo o esclavo o ganado o perro o cerdo o grano o cebada o paja o hierba o […] o carne y bellota. Ahora bien, era un hombre inteligente, y conocía el alimento adecuado para cada uno. Sirvió a los hijos pan […]. Sirvió a los esclavos […] y comida. Y arrojó cebada, paja y hierba al ganado. Lanzó huesos a los perros, y a los cerdos les dio bellotas y mendrugos de pan. Comparemos esto con el discípulo de Dios. Si es una persona inteligente, comprende lo que significa ser discípulo, las formas físicas no le engañarán, sino que examinará el estado del alma de cada uno y hablará con él. Hay muchos animales en el mundo que están en una forma humana. Cuando él los identifique, al cerdo le tirará bellotas; al ganado, cebada, paja y hierba; a los perros, huesos. A los esclavos les dará solamente lecciones básicas, a los hijos les dará una instrucción completa.

Hay un Hijo del Hombre y hay un Hijo del Hijo del Hombre. El Señor es el Hijo del Hombre, y el hijo del Hijo del Hombre, es aquel que fue creado por el Hijo del Hombre. El Hijo del Hombre recibió de Dios la capacidad para crear, también tiene la capacidad de engendrar. Quien ha recibido la capacidad de crear es una criatura, el que ha recibido la capacidad de engendrar es un engendrado. Quien crea no puede engendrar. Quien engendra tiene también el poder de crear. Ahora bien, ellos dicen, «El que crea engendra». Pero su denominada «descendencia» no es más que una criatura. Por lo tanto […] sus hijos no son descendencia sino […]. Aquel que crea trabaja de forma abierta y él mismo es visible. El que engendra, engendra en privado y él mismo está oculto, por tanto […] la imagen. También el que crea, crea de forma abierta. Pero aquel que engendra, engendra hijos en privado.

Nadie puede saber cuándo el marido y la mujer tienen relaciones sexuales fuera de ellos mismos, excepto los dos. De hecho, el matrimonio en el mundo es un misterio para aquellos que han tomado una esposa. Si el matrimonio contaminado permanece oculto, cuánto más el matrimonio que no es contaminado constituirá un verdadero misterio. No es carnal, sino puro. No pertenece al deseo, sino a la voluntad. No pertenece a la oscuridad ni a la noche, sino al día y la luz. Si un matrimonio se abre al público, se convierte en prostitución, y la esposa se convierte en una ramera, no sólo cuando es impregnada por otro hombre, sino incluso si se desliza de su dormitorio y es vista. Debe mostrarse sólo a su padre y a su madre, y al amigo del esposo, y a los hijos del esposo. Éstos son autorizados a entrar todos los días en la cámara nupcial. Pero los otros deben esperar a escuchar su voz, disfrutar de su unción y alimentarse de las migajas que caen de la mesa como hacen los perros. Los esposos y esposas pertenecen a la cámara nupcial. Nadie podrá ver al esposo o la esposa a menos que se convierta en uno de ellos.

Cuando Abraham […] porque iba a ver lo que iba a ver, circuncidó la carne del prepucio, enseñándonos con ello que es apropiado destruir la carne.

La mayoría de las cosas del mundo, mientras sus pasiones internas están ocultas, persisten y siguen vivas. Si se revelan, mueren, como queda ilustrado en el hombre visible: mientras que los intestinos del hombre están ocultos, el hombre está vivo; cuando sus intestinos quedan expuestos y salen de él, el hombre se muere. Así sucede con el árbol: mientras su raíz está oculta, él brota y crece. Si su raíz queda expuesta, el árbol se muere. Lo mismo sucede con cualquier cosa que exista en el mundo, no solamente con lo expuesto, sino con lo oculto. Porque en la medida en que la raíz de maldad está oculta, es fuerte. Pero cuando se reconoce, se disuelve. Cuando es revelada, perece. Por eso dice el Verbo: «Ya está el hacha colocada en la raíz de los árboles» (Mt. 3:10). No será meramente cortada –porque lo que se corta vuelve a brotar–, sino que el hacha penetra profundamente hasta que saca la raíz. Jesús sacó la raíz de todos los lugares, mientras que otros lo hicieron sólo parcialmente. Por lo que se refiere a nosotros mismos, tenemos que excavar la raíz del mal que está en nuestro interior, y arrancarla de raíz de nuestro corazón. El mal será arrancado si lo reconocemos, pero si lo ignoramos echará raíces en nosotros y producirá su fruto en nuestro corazón. Se enseñorea de nosotros y nos hace sus esclavos. Nos lleva en cautividad, nos hace hacer lo que no queremos, y lo que queremos hacer, no lo hacemos. Es poderoso porque no lo hemos reconocido. Mientras exista será activo. La ignorancia es la madre de «todos los males». Su resultado será la muerte, porque aquellos que vienen de la ignorancia ni fueron ni son ni serán […] serán perfectos cuando toda la verdad sea revelada. Porque la verdad es como la ignorancia: mientras permanece escondida, descansa en sí misma, pero cuando es revelada y reconocida, es objeto de alabanza, porque es más fuerte que la ignorancia y el error. Proporciona la libertad. El Verbo dijo, «Si conocéis la verdad, la verdad os hará libres (Jn. 8:32). La ignorancia es esclavitud. El conocimiento es libertad. Si conocemos la verdad, encontraremos los frutos de la verdad dentro de nosotros. Si nos unimos a ella, ella nos traerá la plenitud».

En el presente, tenemos lo que es manifiesto de la creación. Decimos: «los fuertes son los que son considerados en alta estima. Y los débiles son despreciados». Debemos contrastar esto con las cosas manifestadas de la verdad: son débiles y despreciados mientras que las cosas ocultas son fuertes y son tenidas en alta estima. Los misterios de la verdad son revelados, aunque a través del símbolo y la imagen. La cámara nupcial, sin embargo, permanece oculta. Es el Santo de los Santos. El velo al principio ocultaba la manera en que Dios gobernaba la Creación, pero cuando sea rasgado y las cosas de dentro sean reveladas, esta casa quedará en desolación, o más bien será destruida. Y la divinidad en conjunto no huirá de estos lugares al Santo de los Santos, porque no podría unirse a la luz y a la plenitud perfecta, sino que estará bajo las alas de la cruz y bajo sus brazos. Esta arca será su salvación, cuando el Diluvio venga sobre ellos. Si algunos pertenecen a la orden sacerdotal, podrán entrar en la parte interior del velo con el Sumo Sacerdote. Por esta razón, el velo no fue rasgado sólo en la parte de arriba, ya que entonces se hubiera mostrado sólo a los que están arriba, ni fue rasgado sólo abajo, porque entonces hubiera sido revelado solamente a los que están abajo. Sino que fue rasgado de arriba abajo. Aquellos que están arriba, nos lo abrieron a nosotros, que estamos abajo, de manera que pudiéramos entrar en el secreto de la verdad. Esto es lo que realmente se considera en alta estima, (y) lo sólido. Pero entraremos allí mediante la debilidad y los símbolos despreciables. No tienen valor alguno en comparación con la gloria perfecta. Hay una gloria que supera a la gloria. Hay un poder que está por encima del poder. Por lo tanto, las cosas perfectas se muestran a nosotros, junto con las cosas ocultas de la verdad. El Santo de los Santos fue revelado, y la cámara nupcial nos ha invitado a entrar.

En la medida en que permanece oculta, la maldad es ineficaz, pero no ha sido apartada de la semilla del Espíritu Santo. Ellos son esclavos del mal. Pero cuando les sea revelada, entonces fluirá la luz perfecta sobre cada uno de ellos. Y todos aquellos que estén en ella recibirán la unción. Después, los esclavos serán libres y los cautivos rescatados. «Toda planta que no ha plantado el Padre, que está en los cielos, será arrancada» (Mt. 15:13). Los que están separados serán unidos […] colmados. Todos los que entren en la cámara nupcial encenderán la luz, porque […] al igual que los matrimonios que son […] suceden de noche. Ese fuego […] sólo de noche, y se apaga. Pero los misterios de este matrimonio se perfeccionan más bien durante el día y a plena luz. Ese día y su luz nunca tienen ocaso. Si alguno se convierte en un hijo de la cámara nupcial, recibirá la luz. Si alguno no la recibe mientras está aquí, no podrá recibirla en ningún otro lugar. El que reciba esa luz, no podrá ser visto ni podrá ser detenido. Y nadie podrá atormentar a una persona como ésta, mientras viva en el mundo. Y nuevamente, cuando deje el mundo, ya habrá recibido la verdad en las imágenes. El mundo se habrá convertido en el eón (reino eterno), porque el eón es para él la plenitud. Esta es la manera en que sucede: se le revela exclusivamente a él, no oculto en la oscuridad y en la noche, sino escondido en un día perfecto, y en una luz santa.

El
libro secreto
de
Santiago

Santiago, escribiendo a [...]³ ¡La Paz sea contigo desde la Paz! ¡El Amor desde Amor! ¡La Gracia desde la Gracia! ¡La Fe desde la Fe! ¡La Vida desde la Vida santa!

Ya que me has pedido que os enviara un libro secreto revelado a mí y a Pedro por el Señor, no podía negártelo ni defraudarte. Por eso lo he escrito en hebreo y te lo he enviado únicamente a ti. Pero, habiendo reparado en que tú eres un ministro para la salvación de los santos, intenta ir con cuidado para no revelar este libro a mucha gente, pues el Salvador ni siquiera quiso revelarlo a nosotros, sus doce discípulos. No obstante, bienaventurados aquellos que se salvarán mediante la fe de este tratado.

Hace diez meses también te envié otro libro secreto que el Salvador me reveló. Piensa en este libro como una revelación a mí, Santiago. En lo que respecta a éste... (fragmentos del original intraducibles).

... estaban sentados juntos los doce discípulos, y haciendo memoria de lo que el Salvador le había dicho a cada uno de ellos, ya fuese en forma velada o abiertamente, poniendo en orden sus recuerdos en libros. Yo, por mi parte, estaba también escribiendo mi libro. He aquí que apareció el Salvador. Pues él nos había dejado, y nosotros habíamos estado esperándole. Quinientos cincuenta días después de que resucitase de entre los muertos, le dijimos: «¿Te irás de nuevo y nos dejarás?». Jesús dijo: «No, pero volveré al lugar de donde vine. Si queréis venir conmigo, ¡venid!».

Todos ellos contestaron y le dijeron: «Si tú nos lo ordenas, iremos». Él dijo: «En verdad os digo: ninguno de vosotros entrará nunca en el Reino de los cielos porque yo lo ordene, sino más bien porque vosotros mismos estáis saciados. Dejad conmigo a Santiago y a Pedro, para que yo pueda saciarlos». Después de haber llamado a los dos, los llevó aparte, y ordenó a los demás que continuaran con su trabajo.

El Salvador dijo: «Habéis sido tratados de forma bondadosa...
(Hay 7 líneas desaparecidas)
¿No queréis ser saciados? Vuestros corazones están ebrios, ¿no queréis estar sobrios? ¡Tened vergüenza! Desde este momento, en adelante, despiertos o dormidos, recordad: Habéis visto, habéis hablado y habéis escuchado al Hijo del Hombre. ¡Hay de aquellos que han visto al Hijo del Hombre! Bienaventurados aquellos que no han visto, que no se han asociado, que no han hablado, y que no han escuchado nada de este Ser Humano: ¡la vida es vuestra! Comprended esto: el Hijo del Hombre os curó cuando estuvisteis enfermos, para que pudieseis reinar. ¡Ay de aquellos que han encontrado descanso de sus enfermedades, porque volverán a caer enfermos! Bienaventurados los que nunca han estado enfermos, pero que han conocido el descanso antes de enfermar: ¡el Reino de Dios es vuestro! Por eso os digo: saciaos y que no haya espacio vacío dentro de vosotros, porque el que ha de venir puede reírse de vosotros».

Entonces Pedro respondió: «He aquí, tres veces nos has dicho que nos saciemos, pero nosotros estamos saciados».
El Salvador contestó diciendo: «Os he dicho que os saciéis para que no os falte de nada, pues los que tengan carencia no se salvarán. Así, estar saciado es bueno y tener carencia es malo. Pero también es bueno que tengáis carencia, pero malo para vosotros estar saciados. Porque los que están saciados también tienen carencia, y una persona que tiene carencia no está saciada de la misma forma que otra. Pero la que está saciada se vuelve bastante perfecta. Por tanto, deberíais carecer cuando podéis ser saciados, y estar saciados cuando podéis carecer, pues entonces podéis ser saciados todavía más. Por eso, estad saciados de espíritu aunque carentes de razón humana. Porque la razón humana es razón humana únicamente, y el alma es sólo alma igualmente».

Yo le dije: «Señor, si lo deseas, podemos obedecerte, pues hemos dejado a nuestros padres, a nuestras madres y nuestras ciudades, y hemos ido contigo. Pero danos los medios para saber cómo evitar la tentación del diablo malvado». El Señor contestó: «¿Cuál será vuestra recompensa si hacéis la voluntad del Padre, pero no recibís lo que el Padre da a los que son tentados por Satanás? Pero si sois afligidos y perseguidos por Satanás, y hacéis la voluntad del Padre, os digo lo siguiente: el Padre os amará, y os igualará a mí, y pensará que, por vuestra libre elección, os habéis convertido en amados, a través del pensamiento previo del Padre. ¿No abandonaréis el amor a la carne y el miedo al sufrimiento? ¿No sabéis cómo hacerlo? Aún no habéis sido insultados, aún no habéis sido acusados con falsedad, aún no habéis sido arrojados a prisión, aún no habéis sido condenados con injusticia, aún no habéis sido crucificados sin motivo y aún no habéis sido sepultados, como yo lo fui por el maligno. ¿Os atrevéis a compadecer a la carne, vosotros que tenéis el espíritu a vuestro alrededor como una muralla? Pensad por cuánto tiempo ha existido el mundo antes que vosotros, y cuánto tiempo durará después de vosotros. Entonces descubriréis que vuestra vida no es más larga que un solo día, y vuestro sufrimiento no dura más que una sola hora. Porque lo que es en verdad bueno nunca será parte de este mundo. Así pues, desdeñad la muerte, pero amad la vida. Recordad mi cruz y mi muerte, y tendréis vida».

Yo contesté diciendo: «Señor, no nos hables de tu cruz y muerte, porque están lejos de ti».
Él contestó: «De cierto os digo: ninguna persona que no crea en mi cruz será salvo, pues el Reino de Dios pertenece a los que creen en mi cruz. Buscad, entonces, la muerte así como los muertos buscan la vida, porque lo que los muertos buscan se les hace claro. ¿De qué podrían preocuparse entonces? Cuando vosotros, del mismo modo, preguntéis por la muerte, os enseñará sobre la elección. «De cierto os digo: ninguna persona se salvará entre los que temen a la muerte. Pues el reino de la muerte pertenece a aquellas personas que se dan

muerte a sí mismas. ¡Sed superiores a mí, haceos semejantes al hijo del Espíritu Santo!

Entonces le pregunté: «Señor, ¿cómo podríamos profetizar a los que nos piden que les profeticemos? Porque muchas personas nos lo piden, y aguardan a oír un sermón nuestro».

El Señor contestó: «¿No sabéis que la cabeza de la profecía fue eliminada con Juan?».

Yo dije: «Señor, ¿es ciertamente posible quitar la cabeza de la profecía?».

El Señor me dijo: «Cuando te des cuenta de lo que es la cabeza, y de que la profecía viene de la cabeza, entonces comprenderás lo que significa esto: *su cabeza fue quitada.* Al principio os hablé mediante parábolas, pero vosotros no entendíais. Ahora os hablo con claridad, y todavía seguís sin entender. No obstante, vosotros servíais de parábolas cuando yo os hablaba en parábolas, y de manifestación cuando os hablaba con claridad».

«Haced lo posible para ser salvados sin que os falte tiempo. Espoleaos y alcanzad la meta antes que yo, si os es posible. Entonces el Padre os amará».

«Odiad la hipocresía y el pensamiento malvado. Pues tal pensamiento produce hipocresía, y la hipocresía está lejos de la verdad».

«No dejéis que el Reino de los cielos se consuma. Pues es como un vástago de palmera que dejó caer dátiles en torno suyo, Produjo brotes, y después de que crecieran, el tronco se secó. Esto es lo que le pasó con los frutos que nacieron de esta única raíz: Después de ser cosechado, muchos retoños nuevos produjeron más dátiles. Ciertamente sería bueno que este nuevo crecimiento pudiera producirse ahora, para que vosotros pudieseis encontrar el reino».

«Fui glorificado así anteriormente. ¿Por qué, entonces, me retenéis cuando ansío irme?

Después de mi sufrimiento me hicisteis quedar con vosotros otros dieciocho días debido a las parábolas. Para algunos fue suficiente escuchar mis enseñanzas y entender estas parábolas: los Pastores, la Semilla, el Edificio, las Lámparas de las Vírgenes, los Salarios de los Obreros, las Monedas y la Mujer».

«Que la palabra os produzca entusiasmo. Porque su primer aspecto es la fe, el segundo es el amor, el tercero son las buenas obras, y de éstas nace la vida». «Porque la palabra es como un grano de trigo. Después de plantarlo, el labrador puso su fe en él. Cuando brotó, él lo amó, pues entonces vio muchos granos en lugar de uno solo. Y después de hacer el trabajo, se salvó: preparó el grano como alimento, y guardó un poco para volver a plantarlo». «De esta forma es también cómo vosotros podéis alcanzar el Reino de los cielos. Si no lo adquirís a través del conocimiento, no podréis hallarlo».

«Por esto os digo: ¡vivid de manera sensata! ¡No os dejéis llevar por el mal camino! Muchas veces os he dicho a todos juntos, y también te he dicho a ti, a solas, Santiago: ¡salvaos! Os he ordenado seguirme, y os he enseñado cómo actuar ante los que os gobiernan. Tomad nota: descendí, hablé, fui afligido, y gané mi corona cuando os salvé a vosotros. Porque descendí a habitar con vosotros, para que también vosotros pudierais habitar conmigo. Mas cuando me encontré que vuestras casas estaban sin techo, habité en otras casas que pudieron recibirme cuando descendí».

«Confiad, pues, en mí, amigos. Entended lo que es la gran luz. El Padre no me necesita, pues un padre no necesita a un hijo —más bien es el hijo quien necesita al padre—. A él voy, ya que el Padre del hijo no os necesita».

«Escuchad la palabra, comprended el conocimiento y amad la vida. Entonces nadie os perseguirá y nadie os oprimirá, a menos que seáis vosotros mismos quienes os lo hagáis».

«¡Vosotros, miserables, desafortunados, aspirantes a la verdad, falsificadores del conocimiento! ¡Vosotros, pecadores contra el espíritu! ¿Por qué continuáis escuchando cuando desde el principio tendríais que haber estado hablando? ¿Por qué estáis dormidos cuando desde el principio tendríais que haber estado despiertos, para que el Reino de los cielos os pudiese recibir? De cierto os digo: es más fácil que un santo se hunda en la inmundicia y que un iluminado se hunda en las tinieblas, que vosotros reinéis. ¿No es verdad? Me acuerdo de vuestros lloros, vuestro luto y vuestro dolor: quedaron muy atrás. Así que en este momento, vosotros que estáis viviendo fuera de la herencia del Padre, llorad cuando debáis, lamentaos y predicad lo que es bueno, pues el Hijo está ascendiendo, como tiene que ser. De cierto os digo: si yo hubiera sido mandado a algunas personas que quisieran escucharme y hubiera hablado con ellas, nunca habría descendido a la tierra. ¡Tendríais que estar avergonzados de estas cosas!».

«He aquí que os voy a dejar. Me iré, pues no quiero estar más tiempo con vosotros, justamente como vosotros no queréis esto. ¡Apresuraos, pues, y seguidme! Por esto os digo: descendí por causa vuestra. Vosotros sois amados, llevaréis vida a muchas personas. Llamad al Padre, rogad a Dios de manera frecuente, y Dios os dará. Bienaventurado aquel que os haya visto con Dios, cuando Dios sea proclamado entre los ángeles y glorificado entre los santos: ¡la vida es vuestra! Alegraos y sed felices como hijos de Dios. Cumplid la voluntad de Dios para que podáis ser salvados. Aceptad mi corrección y salvaos. Yo estoy mediando por vosotros ante el Padre, y el Padre os perdonará muchas cosas».

Cuando escuchamos estos comentarios, nos pusimos contentos, pues nos habíamos entristecido por causa de lo que antes hemos descrito. Pero cuando el Señor vio que estábamos alegres, dijo: «¡Hay de aquellos de vosotros que no tenéis quien os socorra! ¡Ay de aquellos de vosotros que necesitéis la gracia! Bienaventurados son todos los que se han tornado confiados y han encontrado la gracia por sí mismos! Comparaos con extraños. ¿Cómo los ven en vuestra ciudad? ¿Por qué anheláis desterraros y vivir lejos de vuestra ciudad? ¿Por qué desocupáis vuestra casa y la preparáis para aquellos que quieren vivir en ella? ¡Exiliados, fugitivos! ¡Ay de vosotros, porque os capturarán! ¿Qué creéis? ¿Que el Padre es un amante de la Humanidad? ¿Que influyen en él las oraciones? ¿Que otorga gracia a una persona debido a otra? ¿O que tolera a cualquiera que esté buscando? Pues el Padre conoce el deseo y aquello que la carne necesita: la carne no anhela el alma. Porque el cuerpo nunca peca separado del alma, y el alma nunca se salva sin el espíritu. Pero si el alma se salva del mal, y también el espíritu se salva, entonces el cuerpo es libre de pecado. Pues el espíritu anima el alma, mas el cuerpo la mata. Dicho de otro modo, el alma se mata a sí misma. De cierto os digo: el Padre ciertamente no perdonará el pecado del alma o la culpa de la carne. Porque nadie que haya sido vestido de carne se salvará. ¿Creéis que muchos han encontrado el Reino de los cielos? Bienaventurado el que se ve a sí mismo como el cuarto en el cielo!».

Cuando escuchamos estos comentarios, nos pusimos tristes. Pero cuando el Señor se dio cuenta de que estábamos tristes, dijo: «Por esto os lo digo, para que podáis conoceros a vosotros mismos. Porque el Reino de los cielos es semejante a una espiga que crece en un campo. Cuando estuvo madura, esparció sus semillas, y llenó el campo de espigas para otro año. Igualmente vosotros: daos prisa a cosechar para vosotros una espiga viva, para que podáis saciaros del Reino».

«Mientras yo esté con vosotros, escuchadme y tened confianza en mí. Pero cuando esté lejos de vosotros, acordaos de mí. Acordaos que estuve con vosotros y no me conocisteis. ¡Bienaventurados aquellos que sí me han conocido! ¡Ay de aquellos que han oído y no han creído! ¡Bienaventurados aquellos que no han visto y, a pesar de todo, han creído!».

«Otra vez os insto: Me estoy apareciendo a vosotros y estoy construyendo una casa que os es muy útil. Podéis encontrar refugio en ella. Permanecerá en pie al lado de la casa de vuestros vecinos cuando ésta amenace con derrumbarse. De cierto os digo: ¡Ay de aquellos por los que fui enviado abajo! ¡Bienaventurados aquellos que tienen que ascender hasta el Padre! De nuevo os doy un consejo, a vosotros que existís: comportaos como los que no existen, para que podáis habitar con los que no existen».

«No dejéis que el Reino de los cielos se transforme en un desierto en vuestro interior. No os sintáis orgullosos por la luz que trae iluminación. Sino mejor tened un comportamiento hacia vosotros mismos como el que tuve yo: me puse a mí mismo bajo una maldición, para que pudierais ser salvados».

Pedro respondió a estos comentarios y dijo: «Señor, a veces nos instas a seguir avanzando hacia el Reino de los cielos, pero otras veces nos rechazas. A veces nos alientas, nos llevas hacia la fe y nos prometes vida, pero otras veces nos echas del Reino de los cielos».

El Señor contestó diciendo: «Os he presentado la fe muchas veces. Y, Santiago, yo me he revelado a ti, pero tú no me has conocido. Ahora veo de nuevo que, de vez en cuando, eres feliz. Pero aunque estás encantado con la promesa de vida, te pones triste y pesimista cuando recibes enseñanza sobre el Reino. No obstante, has recibido vida mediante la fe y el conocimiento. Ignora, pues, las palabras de rechazo cada vez que las escuches. Pero cuando escuches hablar acerca de la promesa, alégrate más todavía. De cierto os digo: quien reciba vida y crea en el Reino nunca dejará el Reino, ni siquiera si el Padre le quisiera expulsar».

«Esto es todo lo que voy a deciros. Ahora ascenderé a aquel lugar de donde vine. Cuando anhelaba ir, me expulsasteis, y en lugar de acompañarme, me perseguisteis».

«Prestad atención a la gloria que me espera. Cuando hayáis abierto vuestros corazones, escuchad los himnos que me esperan en el cielo. Pues hoy debo ocupar mi puesto a la derecha de mi Padre. Os he dicho mi última palabra. Me voy: un carro espiritual me ha elevado, y ahora me desnudaré para poder vestirme. ¡Prestad atención! Bienaventurados los que predicaron el evangelio acerca del Hijo antes de que el Hijo descendiese, pues cuando vine, pude ascender de nuevo. Bienaventurados tres veces aquellos que fueron proclamados por el Hijo antes de que nacieran: porque podéis compartir la salvación con ellos».

Cuando el Señor dijo esto, se fue. Pero nosotros, yo y Pedro, nos arrodillamos y dimos gracias, y alzamos nuestros corazones al cielo. Escuchamos con nuestros oídos y vimos con nuestros ojos el ruido de guerras, un trompetazo y un gran alboroto.

Cuando pasamos aquel lugar, mandamos nuestras mentes más lejos. Vimos con nuestros ojos y escuchamos con nuestros oídos himnos, alabanzas de ángeles, y regocijo angélico. Majestades celestiales cantaban himnos, y nosotros también nos regocijamos.

Después de esto, de nuevo deseamos elevar nuestros espíritus hacia la divina majestad. Luego de ascender, no obstante, no se nos permitió ver o escuchar nada. Porque los otros discípulos nos llamaron y nos preguntaron: «¿Qué escuchasteis del Maestro?, ¿qué os dijo? ¿Dónde se fue?».

Y les contestamos: «Ha ascendido: Nos dio su mano derecha, y nos prometió vida a todos nosotros; nos enseñó niños que iban tras nosotros, y nos ordenó amarlos, pues, por su bien, tenemos que salvarnos».

Cuando oyeron esto los discípulos, creyeron la revelación, pero se enfadaron por los que no nacerían. Yo no quise ofenderles, por eso envié a cada uno de ellos a un sitio diferente. Yo fui a Jerusalén y recé para que pudieran compartir la salvación con los amados que han de aparecer.

Y rezo por que esto comience desde vosotros. Así, de esta manera, puedo salvarme, dado que aquellos de quienes hablo serán iluminados a través de mí por mi fe, y a través de una fe todavía mejor que la mía. Porque deseo que la mía sea una fe inferior. Intentad, entonces, ser como estas personas, y rezad para que podáis compartir la salvación con ellas. Pues el Salvador nos dio la revelación por las personas que he mencionado. Por ellos, nosotros, a nuestra vez, proclamamos compartir la salvación con ellos, aquellos para las que el mensaje fue proclamado, aquellos a quienes el Señor ha hecho hijos suyos.

El libro
de Tomás
el
Contendiente

Los dichos secretos que comunicó el Salvador a Judas Tomás[4] y que yo, Mateo, registré según iba caminando y escuchando cómo hablaban entre ellos.

Dijo el Salvador: «Hermano Tomás, mientras aún te quede tiempo en el mundo, escúchame y te explicaré aquello sobre lo que has estado reflexionando en tu mente.

» Ya que se dice que eres mi gemelo y mi verdadero amigo, examínate a ti mismo y entiende quién eres, cómo vives, y qué será de ti. Puesto que te llaman hermano mío, no deberías ignorar sobre ti mismo. Sé que entiendes algunas cosas, pues ya comprendes que yo soy el conocimiento de la verdad. Mientras estás caminando conmigo, aunque ignoras otras cosas, ya has obtenido conocimiento, y serás descrito como uno que se conoce a sí mismo. Pues aquel que no se conozca a sí mismo no sabe nada, mas quien se conozca a sí mismo ya ha obtenido conocimiento de la profundidad del universo. Así, pues, Tomás, mi hermano, tú has visto lo que está oculto a la gente, aquello con lo que tropiezan en su ignorancia».

Dijo Tomás al Señor: «Por eso te ruego que me contestes a lo que te pregunto antes de tu ascensión. Cuando escuche de ti hablar sobre las cosas que están ocultas, entonces, podré hablar de ellas. Pues es claro para mí que la verdad es difícil de alcanzar ante la gente».

Contestó el Salvador y le dijo: «Si lo que se puede ver es para ti oscuro, ¿cómo podrás entender aquello que no puede verse? Si aquellos hechos de la verdad que se muestran visibles para el mundo te resultan difíciles de cumplir, entonces, ¿cómo cumplirás aquellas cosas que son invisibles, cosas relativas a la grandeza y plenitud? ¿Cómo podéis ser llamados obreros? Pues aún sois estudiantes, y todavía no habéis logrado la grandeza de la perfección».

Contestó Tomás al Salvador: «Háblanos de estas cosas que dices que no se pueden ver y que están escondidas de nosotros».

El Salvador dijo: «Todos los cuerpos […] los animales son engendrados […] es evidente como […]. esto, también, los que están sobre […] las cosas que son visibles. No obstante, los seres que vienen de arriba no viven como los que vosotros podéis ver. Sino que su vida viene de su propia raíz, y su cosecha les proporciona el alimento. Estos cuerpos que podéis ver, por otro lado, se alimentan de criaturas igual que ellos, y debido a esto están sujetos a cambios. Todo lo que esté sujeto a cambios perecerá y se perderá, y no tiene más esperanza de vida, ya que este cuerpo es un cuerpo animal. De la misma forma que los cuerpos animales perecen, así mismo perecerán estas figuras. ¿Acaso no son fruto de la copulación, de igual modo que los cuerpos animales? Si este tipo de cuerpo procede también de la copulación, ¿cómo puede dar a luz algún fruto distinto que el de los animales? Por todo esto, pues, sois niños hasta que logréis la perfección».

Tomás respondió: «Por eso te digo, Señor, que las personas que hablan de lo que es invisible y difícil de explicar son como arqueros que disparan flechas a un blanco durante la noche. Disparan, por supuesto, flechas como cualquier otro arquero, pues disparan contra un blanco, pero, en este caso, ese blanco no se puede ver. No obstante, cuando sale la luz y desaparecen las tinieblas, entonces lo que cada persona haya hecho se verá de forma clara. Y tú, nuestra luz, ilumina, oh Señor».

Jesús dijo: «La luz habita en la luz».

Tomás habló diciendo: «Señor, ¿por qué esta luz visible que brilla sobre la gente aparece y desaparece?».

El Salvador dijo: «Bendito Tomás, esta luz visible brilla en ti no para mantenerte aquí, sino para hacer que te marches. Cuando todos los elegidos aparten a un lado su naturaleza animal, esta luz se retirará al reino de su ser, y su ser le recibirá bien debido a su buen servicio».

Entonces el Salvador continuó y dijo: «¡Oh, inescrutable amor de la luz! Oh amarga figura que arde en el interior de los cuerpos humanos, en la médula de los huesos, que arde en su interior noche y día, bramando dentro de las extremidades humanas, emborrachando las mentes y desquiciando las almas, […] a hombres y mujeres […] noche, incitándolos […] en secreto y visiblemente. Pues los hombres, una vez que son incitados, incitan a las mujeres, y éstas incitan a los hombres. Por tanto, esta dicho: *Todo el que busca la verdad de la verdadera sabiduría creará alas para escapar volando de la lujuria que inflama los espíritus humano*s. El buscador creará alas con el fin de escapar de todos los espíritus que pueden ser vistos».

Y Tomás respondió y dijo: «Señor, estoy preguntando esto, porque sé que tú puedes ayudarnos, tal como dices».

 El Salvador contestó de nuevo y dijo: «Por eso hemos de hablar contigo, porque esto es instrucción para los que son perfectos. Si queréis ser perfectos, habréis de guardar estas enseñanzas. Si no, merecéis ser llamados ignorantes. Pues una persona sabia no puede asociarse con un necio. La persona sabia es perfecta en toda la sabiduría, pero el necio no distingue entre el bien y el mal, para él son la misma cosa. Pues la persona sabia se nutrirá de la verdad, y será igual a un árbol que crece al lado de un río. Algunas personas están provistas de alas, pero corren tras lo que pueden ver, aquello que está lejos de la verdad. Pues el fuego que las dirige dará una ilusión de la verdad, y brillará sobre ellas con verdad pasajera. Las hará cautivas de los deleites de las tinieblas, y las apresará con placeres de bellos aromas. Las cegará con interminable pasión, inflamará sus almas, y será como una estaca clavada en sus corazones que nunca podrán sacarse. O como un bocado en la boca, las conduce como desea. Este fuego ha sujetado con sus cadenas a estas personas, y las ha atado con el amargo lazo del deseo de cosas visibles, las cuales cambian y decaen, y fluctúan a su impulso. Estas personas son siempre arrastradas hacia abajo. Cuando se les da muerte, se unen a todos los animales inmundos».

Tomás contestó: «Esto está claro y ha sido dicho: *Muchos son* [...] *los que no saben* [...] *alma*».

El Salvador dijo: «Bienaventurada aquella persona sabia que va en busca de la verdad. Cuando la encuentra, descansa en ella para siempre, y no teme a los que quieren perturbarle».

Tomás respondió: «¿Es bueno para nosotros, Señor, hallar descanso entre la gente como nosotros?».

El Salvador dijo: «Sí, os será de ayuda. Es bueno para vosotros, ya que lo que es visible en la existencia humana es pasajero y dejará de ser. Pues el cuerpo carnal de las personas pasará, y cuando se desintegre, hallará su lugar en lo que es visible y puede ser visto. Entonces el fuego que esas personas vean les hará sufrir, por el amor a la fe que en otro momento tuvieron. Serán devueltas al reino visible. Es más, todas esas personas que pueden ver en el reino visible serán consumidas, sin ese amor primero, en su preocupación por la vida y el furor del fuego. Casi no queda tiempo antes de que pase lo que podéis ver. En aquel momento aparecerán fantasmas informes que vivirán en las tumbas entre los muertos, trayendo para siempre el dolor y la destrucción al alma».

Tomás contestó y dijo: «¿Qué podemos decir de todo esto? ¿Qué hemos de decirles a las personas que están ciegas? ¿Qué instrucción hemos de dar a estos mortales miserables?, que dicen: *Hemos venido a hacer el bien, no a maldecir,* y después añaden: *Si no hubiéramos nacido de carne, no habríamos conocido el pecado*».

El Salvador dijo: «Eso es cierto: no los consideréis como seres humanos, sino más bien como animales. Porque igual que los animales se devoran unos a otros, asimismo estas personas se devoran mutuamente. El reino les es arrebatado, además, porque aman los deleites del fuego, son prisioneros de la muerte, y se deleitan en la inmundicia. La lujuria de sus padres la llevan a cumplimiento. Estas personas serán enviadas al infierno, y devoradas como sus naturalezas amargas e impías lo merecen. Se les azotará para dirigirlas a lo desconocido, y deberán dejar atrás los miembros de sus cuerpos, no con valentía, sino más bien con desesperanza. Pero estas personas están contentas a pesar de […] locas y trastornadas […]. Muchos de los que van corriendo a esta locura no se percatan de su trastorno, sino que se creen sabios. Ellos […] su cuerpo […]. Sus mentes se dirigen hacia ellos mismos, sus pensamientos están ocupados en sus propios asuntos, pero el fuego los consumirá».

Y Tomás contestó: «Señor, ¿qué harán estas personas, las que sean arrojadas de esta manera? Tengo temor por ellas, pues demasiadas fuerzas se les oponen».

El Salvador contestó y dijo: «¿Cuál es tu propia opinión?».

Judas, el llamado Tomás, dijo: «Señor, tú debes hablar y yo debo escuchar».

El Salvador contestó: «Escucha lo que voy a decirte y cree en la verdad. Lo que se siembre y lo que es sembrado pasarán en el fuego, en el fuego y el agua, y serán ocultados en tenebrosas tumbas. Después, cuando haya pasado mucho tiempo, el fruto de los árboles malos aparecerá y será castigado y sacrificado en bocas animales y humanas, a instigación de la lluvia, el viento, el aire y la luz que brilla en lo alto».

Tomás respondió: «En verdad, nos has convencido, Señor. Hemos comprendido y ahora está claro: esto es como es y tu palabra es suficiente para nosotros. Pero estas cosas que dices hacen reír y son ridículas para el mundo, ya que son mal interpretados. ¿Cómo podemos ir a predicarlas, si el mundo no nos aprecia?».

El Salvador contestó: «En verdad os digo: quien escuche lo que le digáis y se aleje, se burle, o se sonría de estas cosas será entregado al soberano que está en lo alto, que gobierna como rey sobre todas las potencias. El soberano ordenará a estas personas que vuelvan hacia atrás y las arrojará al infierno, donde se las encerrará y estarán en un lugar estrecho y oscuro. No podrán darse la vuelta ni hacer ningún movimiento debido a la gran profundidad de Tártaro y a la acerba carga del infierno, que las mantiene firmemente […] a él […] no perdonarán […] le persigue. Darán […] a […] ángel Tartarouchos […] látigos de fuego e irá tras ellos […]. Estos látigos arrojarán chispas contra las caras de los perseguidos. Si huyen hacia el oeste, se encuentran con fuego. Si huyen hacia el sur, también allí lo encuentran. Si huyen hacia el norte, el fuego en erupción los amenaza de nuevo.   No pueden hallar el sendero que va hacia el este tampoco, para huir hacia allí y ponerse a salvo. Porque mientras estuvieron encarnadas no hallaron el camino que necesitarían seguir en el día del juicio».

Después el Salvador continuó diciendo: «¡Ay de vosotros, gente sin Dios, sin esperanza, que os aferráis a lo que nunca sucederá!

»¡Ay de vosotros, que ponéis vuestra esperanza en la carne, y en la cárcel que perecerá! ¿Por cuánto tiempo permaneceréis dormidos? ¿O acaso pensáis que lo que vosotros creéis imperecedero no va a perecer? ¿Tenéis puesta vuestra esperanza en el mundo, y vuestro dios en esta vida. ¡Estáis aniquilando vuestras almas!

»¡Ay de vosotros en cuyo interior está el fuego, pues no podrá extinguirse!

»¡Ay de vosotros, pues hay ruedas que giran en vuestras mentes!

»¡Ay de vosotros, porque en vuestro interior sois un fuego que arde lentamente!

»¡El fuego consumirá visiblemente vuestra carne, rasgará vuestras almas de forma secreta, y preparará los unos para los otros!

»¡Ay de vosotros prisioneros, pues estáis encadenados en cuevas! ¡Os reís! ¡Expresáis vuestro deleite con risa tonta! ¡No os dais cuenta de que seréis destruidos, no os dais cuenta de vuestra situación, no entendéis que vivís en la oscuridad y la muerte! ¡Más bien estáis embriagados de fuego y llenos de amargura! ¡Vuestras mentes están trastornadas por el fuego que arde lentamente en vuestro interior, y os deleitáis con el veneno y los golpes por vuestros enemigos! ¡Las tinieblas han venido a vosotros en forma de luz, pues habéis trocado vuestra libertad por la esclavitud. Habéis hecho que vuestras mentes sean oscuras, habéis dado vuestros pensamientos a la necedad, y habéis asfixiado vuestros pensamientos con el humo del fuego que está dentro de vosotros. ¡Vuestra luz se ha escondido dentro de una nube […] y el vestido que os ponéis, vosotros […] y os habéis agarrado a una esperanza que no existe! Y ¿A quién creéis? ¿Acaso no sabéis que todos habitáis entre los que […] vosotros?, como si vosotros […]. ¡Bautizasteis vuestras almas con el agua de las tinieblas! ¡Caminasteis en vuestros propios antojos!

»¡Ay de vosotros los que vivís en el error! No veis que la luz del sol, que juzga y desprecia al universo, lo rodeará todo y hará esclavos a sus enemigos. No os dais cuenta tampoco de cómo la luna mira hacia abajo noche y día y ve vuestros cuerpos sacrificados.

»¡Ay de vosotros que amáis el coito y el inmundo trato con las mujeres! ¡Ay de vosotros, porque los poderes de vuestros cuerpos harán que sufráis! ¡Ay de vosotros en quienes actúa el malvado y perverso demonio! ¡Ay de vosotros que sometéis a tentación los miembros de vuestros cuerpos con fuego! ¿Quién derramará sobre vosotros un fresco rocío, para apagar todo lo que arde en vuestro interior? ¿Quién hará que brille el sol sobre vosotros, para sacar las tinieblas de vuestro interior y alejar la oscuridad y el agua inmunda de la vista?

» El sol y la luna os darán una fragancia dulce a vosotros, al aire, al espíritu, a la tierra y al agua. Pues si el sol no brilla sobre estos cuerpos, se consumirán y morirán como hierba o hierbajo. Si el sol brilla sobre los hierbajos se hacen fuertes y pueden ahogar una vid. Mas si una vid se hace fuerte, extiende su sombra sobre los hierbajos y el resto de matorrales que crecen junto a ella, y se proyecta y florece, la vid sola hereda la tierra donde crece y domina donde quiera que extiende su sombra. Entonces, donde crece, domina toda la tierra, produce de forma abundante y contribuye a que el señor sea aún más feliz. Pues el señor hubiera sufrido bastante a causa de estos malos hierbajos antes de arrancarlos finalmente, pero la vid la eliminó y la ahogó sin ayuda. Así que los hierbajos murieron y se convirtieron en polvo».

Después Jesús continuó y les dijo: «¡Ay de vosotros, pues no habéis aprendido la lección, y estos que son […] que resuciten de la muerte!

»Bienaventurados los que conocéis de antemano aquello que puede tenderos una trampa, y que huís de lo que os es ajeno.

»Bienaventurados los que sois ridiculizados y despreciados por causa del amor que vuestro Señor tiene por vosotros.

»Bienaventurados los que lloráis os afligís por los que andan sin esperanza, porque seréis liberados de todo aquello que os esclaviza.

»Velad y orad para no nacer de la carne, sino para que podáis desprenderos del amargo cautiverio de esta vida. Cuando oréis, hallaréis reposo, pues habéis dejado atrás el dolor y las injurias. Cuando dejéis los dolores y pasiones del cuerpo, hallaréis descanso del bueno, y reinaréis con el Rey, vosotros unidos a él y él a vosotros. Ahora y por los siglos de los siglos. Amén».

El libro secreto de Juan

La enseñanza del Salvador y la revelación de los misterios y las cosas escondidas en el silencio, cosas que él enseñó a su discípulo Juan.

Un día, cuando Juan, hermano de Santiago (los hijos de Zebedeo), fue al templo, ocurrió que un tal Arimanios, fariseo, se acercó a él y le dijo: «¿Dónde está tu Maestro, a quien has estado siguiendo?». Juan le dijo: «Él ha regresado al sitio de donde vino». El fariseo le dijo: «Este nazareno os ha engañado gravemente, ha llenado vuestros oídos de mentiras, ha cerrado vuestras mentes y os ha alejado de las tradiciones de vuestros padres».

Cuando yo, Juan, oí estas cosas, me alejé del templo y fui en busca de un sitio solitario. Estaba muy triste y me dije: ¿Cómo fue elegido el Salvador? ¿Por qué su Padre le envió al mundo? ¿Quién es ese Padre que le envió? ¿A qué clase de eón (reino) vamos a ir? Porque, ¿qué quería decir cuando nos contó: «Este eón (reino) eterno al que vais a ir es una copia del eón (reino) eterno imperecedero», pero no nos dijo qué tipo de (eón) reino era ése?

En el mismo instante en que pensaba acerca de esto, he aquí que se abrieron los cielos, toda la creación bajo el cielo fue iluminada y el mundo tembló. Entonces tuve miedo y, de repente, vi dentro de la luz un niño de pie junto a mí. Y, según miraba, él se convirtió en una persona mayor. De nuevo volvió a cambiar su forma y se convirtió en un sirviente. No es que hubiese varias personas delante de mí, sino que había una figura con varias formas dentro de la luz. Estas formas diferentes fueron haciéndose visibles una después de otra hasta parecer tres formas.

Él me dijo: «Juan, Juan, ¿por qué dudas? ¿Por qué temes? ¿No te es familiar esta figura, verdad? Entonces ¡no temas! Yo estoy siempre contigo. Yo soy el Padre, Yo soy la Madre, Yo soy el Hijo, Yo soy el inmaculado y el incorruptible. He venido a hablarte de aquello que es, que era, y que ha de venir, para que entiendas lo que es invisible y lo que es visible; y para instruirte sobre el Hombre perfecto. Levanta, pues, ahora tu cabeza, para que entiendas lo que voy a decirte hoy, y para que puedas contar esas cosas a tus amigos espirituales, que son de la raza inquebrantable del Hombre perfecto».

En el momento que le pregunté si podría entender esto, él me contestó:
«Él Uno es un soberano y no tiene nada por encima de él. Él es Dios y Padre de todos, el Uno Invisible que está por encima de todo, que no perece, que es una Luz tan pura que ningún ojo puede llegar a ver.

»Él es el invisible Espíritu. No debería ser considerado como un dios, o algo similar. Pues es mayor que un dios, pues nada tiene sobre él y ningún señor le gobierna. Él no existe en el interior de nada que sea inferior a él, pues todo existe solamente dentro de él. Él es eterno, ya que no necesita nada. Pues es absolutamente completo. Jamás ha carecido de nada para estar completo. Más bien siempre ha sido totalmente completo en la luz. Él es ilimitado, pues nada hay ante él que lo limite. Es insondable, pues no hay nada ante él que lo pueda sondear. Él es inconmensurable, pues no hay nada ante él que lo pueda medir. Es inobservable, pues no hay nada ante él que lo pueda observar. Él es eterno, y existe por los siglos de los siglos. Él es impronunciable, pues nada podía comprenderlo para pronunciarlo. Es innombrable, pues no hay nada ante él que pueda darle nombre.

»Él es la luz inconmensurable, pura, santa, inmaculada. Es inexpresable, y, en su incorruptibilidad, es perfecto. Pues no es que sea parte de la perfección, o de la bienaventuranza, o de la divinidad: es mucho más grande. No es corpóreo ni incorpóreo. No es grande ni pequeño. Es imposible expresar: "¿Cuánto es?" o "¿De qué tipo es?"

ya que nadie puede entenderlo. No es solo una entre las muchas cosas de la existencia: Él es mucho más grande. En realidad, no es que sea el mayor, sino que como es en sí mismo, no es una parte de los mundos o del tiempo, pues todas las cosas que son parte de un mundo fueron hechas una vez por otra cosa. No se le asignó tiempo, en tanto que no recibe ninguna cosa de nadie. Eso sería un préstamo. El que primero existe no necesita nada del postrero. Por el contrario, el postrero levanta su mirada hacia el primero por su luz.

»Pues la perfección es majestuosa: es pura e inconmensurablemente grande. Él es el Mundo que produce un mundo, la Vida que produce vida, el Bendito que otorga bienaventuranza, el Conocimiento que regala conocimiento, el Benigno que regala bondad, la Misericordia que regala misericordia y redención, la Gracia que otorga gracia. No es que sea así realmente, sino que da luz inconmensurable e incomprensible.

»¿Qué he de deciros acerca de él? Su eón (reino) es eterno y no perecerá nunca: es tranquilo, es silencioso, está en reposo, y está ante todas las cosas. Él es la cabeza de todos los eones, y los sostiene por su bondad. No obstante, no sabríamos las cosas inefables, no comprenderíamos lo que es inconmensurable, si no fuera por uno que ha venido del Padre y nos ha revelado estas cosas. Porque el Perfecto se observa a sí mismo en la luz que hay a su alrededor. Es el manantial del agua de vida que crea todos los eones de todas las clases. Él mira su imagen, la observa en el manantial del espíritu y se enamora del agua luminosa. Este es el manantial de agua pura, luminosa, que está a su alrededor.

»Él es el Pensamiento en actividad, y aquella que apareció delante del Padre en luz brillante salió. Ella es el poder primero: precedió a todo y salió de la mente del Padre como el Pensamiento que antecede a todo. Su luz es semejante a la luz del Padre. Como la potencia perfecta, ella es la imagen del perfecto e invisible Espíritu virgen. Ella es el poder primero, la gloria, Barbelo, la gloria perfecta entre los eones, la gloria de la revelación. Ella glorificó y alabó al Espíritu virgen, pues había salido por mediación del Espíritu. Ella es el primer Pensamiento, la imagen del Espíritu. Ella se convirtió en el vientre universal, porque ella es anterior a todo, la Madre-Padre de todo, el primer hombre, el Espíritu Santo, el triple varón, el triple poder, el andrógino con tres nombres, el eón eterno entre los seres invisibles, el primero en salir.

»(Ella) solicitó Presciencia al Espíritu virgen invisible —Barbelo—, y el Espíritu acordó dársela. Entonces apareció la Presciencia y se colocó al lado de la Providencia. la Presciencia procede del Pensamiento del Espíritu virgen invisible. Glorificó al Espíritu y a Barbelo, el poder perfecto, pues habían nacido a través de ella.

»Y ella pidió de nuevo que le fuera dada la Inmortalidad, y el Espíritu estuvo de acuerdo. En este momento, apareció la Inmortalidad y se colocó cerca del Pensamiento y la Presciencia. Glorificó al Invisible y a Barbelo, porque por ella habían nacido.

»Barbelo pidió que se le diera la Vida Eterna, y el Espíritu invisible estuvo de acuerdo.
En el momento en que el Espíritu estuvo de acuerdo, apareció la Vida Eterna, y se pusieron juntas, glorificando al invisible Espíritu y a Barbelo, porque por ella habían nacido.

»Ella pidió de nuevo que se le concediera la Verdad, y el Espíritu invisible estuvo de acuerdo. Y cuando La Verdad apareció, se colocaron juntos y glorificaron al buen Espíritu invisible y a Barbelo, porque por ella habían nacido.

»Estos son los cinco eones (reinos) del Padre: la primera Humanidad, la imagen del Espíritu invisible, O sea, la Providencia, Barbelo, Pensamiento, junto con Presciencia, Inmortalidad, Vida Eterna y Verdad.

»Este es el eón andrógino de los Cinco, que es el eón de los Diez, que es el Padre.

»El Padre miró profundamente a Barbelo con la luz pura y brillante que rodea al Espíritu invisible. Barbelo concibió, y el Padre produjo un rayo de luz que era semejante a la luz bendita, pero no era tan brillante. Este rayo de luz era el Hijo único del Padre común que había nacido, y la única descendencia y el Hijo único del Padre, la luz pura.

»El Espíritu virgen invisible se puso contento por la luz que fue producida, que salió primero del poder primero, la Providencia, o Barbelo. El Padre la ungió de bondad hasta que fue perfecta y completamente buena, pues el Padre la ungió con la bondad del Espíritu invisible. El Hijo permaneció en presencia del Padre mientras duraba la unción. Cuando el Hijo recibió esto del Espíritu, enseguida glorificó al Espíritu Santo y a la Providencia perfecta, ya que a través de ella había nacido.

»El Hijo pidió que se le diera Mente como compañera para trabajar, y el Espíritu invisible estuvo de acuerdo. Cuando el Espíritu estuvo de acuerdo, apareció la Mente, se colocó cerca de Cristo y glorificó a Cristo y a Barbelo.

»Todos estos seres, no obstante, llegaron a la existencia en silencio.

»La Mente anhelaba crear algo por medio del verbo del Espíritu invisible. Su Voluntad se manifestó realmente y apareció con la Mente, entretanto la luz la glorificaba. El Verbo siguió a la Voluntad. Porque Cristo, el divino generado por sí mismo, lo creó todo por medio del Verbo. La Vida Eterna, la Voluntad, la Mente y la Presciencia hicieron una unión y glorificaron al Espíritu invisible y a Barbelo, porque por ella habían nacido.

»El Espíritu santo perfeccionó al Hijo divino y creado por sí mismo del Espíritu y Barbelo. Entonces el Hijo logró ponerse delante del poderoso e invisible Espíritu virgen como el Dios, Cristo, generado por sí mismo, a quien el Espíritu había dado honra con grandes aclamaciones. Este Hijo nació a través de la Providencia. El Espíritu virgen invisible puso a este Dios verdadero, generado por sí mismo, sobre todas las cosas e hizo que toda autoridad y la verdad interior estuvieran bajo su dominio. Entonces el Hijo pudo comprender el universo que es llamado por un nombre mayor al de todos los nombres, porque ese nombre será dicho solamente a los que son dignos de él.

»Ahora de la luz, Cristo, y de la Imperecedera Eternidad, por la gracia del Espíritu, vinieron las cuatro estrellas que proceden del Dios generado a sí mismo. Él miró en torno suyo e hizo que las estrellas se pusieran delante de él. Tres son los seres presentes: Voluntad, Pensamiento y Vida. Cuatro son los poderes: Comprensión, Gracia, Percepción y Reflexión. La Gracia habita en el eterno eón (reino) de la estrella Armozel, que es el primer ángel. Estos tres eones (reinos) están también allí: Gracia, Verdad y Forma. La segunda estrella se llama Oroiel, y se la ha nombrado por encima del segundo eón (reino) eterno. Estos tres eones (reinos) están también allí: Pensamiento posterior, Percepción y Memoria. La tercera estrella se llama Daveithai, y se la ha nombrado por encima del tercer eón (reino) eterno. Estos tres eones (reinos) están también allí: Comprensión, Amor e Idea. El cuarto eón (reino) eterno ha sido establecido para la cuarta estrella, Eleleth. También están allí estos tres eones (reinos): Perfección, Paz y Sofía. Éstas son las cuatro estrellas que se hallan ante el Dios generado por sí mismo, y los doce eones eternos que se encuentran delante el gran Hijo, Cristo generado por sí mismo por la voluntad y la gracia del Espíritu invisible. Los doce eones pertenecen al Hijo del generado por sí mismo y de esta manera todo fue establecido por la voluntad del Espíritu Santo a través del generado por sí mismo.

»Nuevamente, la Presciencia de la Mente perfecta, mediante la voluntad manifiesta del Espíritu invisible y la voluntad del generado por sí mismo, surgieron el humano perfecto, la primera revelación, la verdad. El Espíritu virgen dio al humano el nombre de Pigeradamas, y asignó a Pigeradamas el primer eón (reino) eterno del gran generado por sí mismo, Cristo, junto con la primera estrella, Armozel. También los poderes están allí. El Invisible dotó a Pigeradamas de una fuerza mental inconquistable.
Pigeradamas glorificó y alabó al Espíritu invisible diciendo: *Todo ha sido hecho por ti, y a ti volverá.Yo te alabaré y glorificaré, y al generado por sí mismo, y a los eones eternos, y a los tres, Padre, Madre, Hijo, el poder perfecto.*

»Pigeradamas asignó a un hijo, Set, para el segundo eón (reino) eterno, junto con la segunda estrella, Oroiel. La familia de Set estaba destinada al tercer eón (reino) eterno, con la tercera estrella, Daveithai. Las almas de los santos estaban destinadas también allí. Las almas de aquellos que ignoraban la Plenitud divina estaban destinadas al cuarto eón (reino) eterno. No se arrepintieron de forma repentina, sino que siguieron ignorando por un tiempo y después se arrepintieron. Están junto a la cuarta estrella, Eleleth, y son criaturas que glorifican al Espíritu invisible.

»Ahora Sofía, que es la Sabiduría del Pensamiento Posterior y que es la representación de un eón eterno, concibió un pensamiento. Esta idea la tuvo ella misma, y el Espíritu invisible y la Providencia también fueron reflejados en ella. Ella quería dar a luz a un ser como ella misma sin el consentimiento del Espíritu (el Espíritu no lo había aprobado), sin su amante, y sin su consideración. Su compañero no lo aprobó; ella no encontró a nadie que estuviese de acuerdo con ella, y consideró este asunto sin el permiso del Espíritu ni ningún conocimiento de lo que había decidido. No obstante, dio a luz un hijo. Y, debido al poder inconquistable que habitaba en su interior, su pensamiento no resultó vano. Pues de ella salió algo que era imperfecto y aparentemente distinto a ella, pues ella lo había generado sin su amante. No tenía parecido ninguno con su Madre, y su forma era diferente.

»Cuando Sofía vio lo que su deseo había generado, se transformó en una serpiente con la cara de un león. Sus ojos eran como relámpagos centelleantes. Lo arrojó lejos de ella, fuera de ese eón (reino), para que no lo viese ninguno de los Inmortales. Pues lo había generado ignorantemente. Lo rodeó con una nube brillante y colocó un trono en medio de la nube, para que nadie lo viese sino el Espíritu Santo, a quien llaman la Madre de los Vivientes. Ella puso a su hijo el nombre de Yaltabaoth.

»Éste es el primer gobernante, que recibió de su Madre un gran poder. Luego él la abandonó, yéndose lejos de los eones (reinos) en donde había nacido. Era fuerte, y creó para sí mismo otros eones mediante una llama brillante de fuego que aún existe.Se unió con la Estupidez que hay en él, y generó sus propias autoridades. El nombre de la primera es Athoth, a quien las distintas generaciones de seres humanos llaman el segador. La segunda es Harmas, que es el ojo celoso. La tercera es Kalila-Oumbri. La cuarta es Yabel. La quinta es Adonaiou, a quien llaman Sabaoth. La sexta es Caín, a quien las distintas generaciones de seres humanos llaman el sol. La séptima es Abel. La octava es Abrisene. La novena es Yobel. La décima es Armoupiael. La undécima es Melcheir-Adonein. La duodécima es Belial, que está por encima de las profundidades del infierno. Yaltabaoth nombró siete reyes (uno por cada esfera del cielo) para que gobernasen sobre los siete cielos, y cinco para que gobernasen en las profundidades del infierno. Compartió su fuego con ellos, mas no se deshizo de ninguna parte del poder de la luz que había cogido de su Madre. Pues es un ser de oscuridad ignorante.

»Cuando la luz se mezcló con las tinieblas, las tinieblas se hicieron más brillantes. Cuando las tinieblas se mezclaron con la luz, la luz se oscureció. Lo que resultó de esto no fue ni luz ni tinieblas, sino más bien penumbra. Este rey de la penumbra tiene tres nombres: El primero es Yaltabaoth. El segundo es Saklas. El tercero es Samael. Su maldad es debida a la Estupidez que hay en él. Ya que dijo: *Yo soy Dios, y no hay otro Dios fuera de mí*, puesto que no sabía de dónde había venido su propia fuerza.

»Los gobernantes crearon para sí mismos siete poderes. Los poderes a su vez crearon para sí mismos seis ángeles cada uno, hasta que hubo trescientos sesenta y cinco ángeles. Estos son los nombres de los potentados y sus correspondientes aspectos:
El primero es Athoth, y tiene el rostro de una oveja. El segundo es Eloaios, y tiene el rostro de una mula. El tercero es Astaphaios, y tiene el rostro de una hiena. El cuarto es Yao, y tiene el rostro de una serpiente con siete cabezas. El quinto es Sabaoth, y tiene el rostro de un dragón. El sexto es Adonin, y tiene el rostro de un mono. El séptimo es Sabbataios, y tiene el rostro de fuego llameante. Esto explica los siete días de la semana.

»Pero Yaltabaoth tenía muchos rostros además de todos éstos, de esta forma podía mostrar el rostro que quisiese cuando se encontraba entre los ángeles. Compartía con ellos su fuego y gobernaba sobre ellos gracias al poder glorioso que tenía de la luz de su Madre. Por eso se hacía llamar a sí mismo Dios y despreciaba el eón (reino) de donde procedía. Unió siete de sus poderes de pensamiento con las autoridades que estaban con él. Cuando habló, fue hecho. Dio nombre a todos sus poderes, comenzando por el más alto: El primer poder es la Bondad, y está con la primera autoridad, Athoth. El segundo poder es la Providencia, y está con la segunda autoridad, Elo-aios. El tercer poder es la Divinidad, y está con la tercera autoridad, Astaphaios. El cuarto poder es el Dominio, y está con la cuarta autoridad, Yao. El quinto poder es el Eón (Reino), y está con la quinta autoridad, Sabaoth. El sexto poder son los Celos, y están con la sexta autoridad, Adonin. El séptimo poder es la Comprensión, y está con la séptima autoridad, Sabbataios. Estos seres poseen esferas en los eones (reinos) celestiales. A los poderes se les dieron nombres de la gloria de lo alto, pero estos nombres podían destruir los poderes. Pues en tanto que los nombres que les fueron dados por su creador eran poderosos, los nombres que se les dio de la gloria de lo alto podían traer la destrucción y la pérdida del poder. Por eso tienen dos nombres.

»Y Yaltabaoth, habiendo creado [...] todo, lo organizó siguiendo el modelo de los primeros eones eternos que habían venido a la existencia, pues deseaba crear seres semejantes a los Imperecederos. No es que él hubiese visto a los Imperecederos. Sino que el poder de su interior, que él había cogido de su Madre, produjo el modelo para el orden del mundo. Cuando vio la creación en torno suyo y la multitud de ángeles a su alrededor que habían venido de él, les dijo: *Yo soy un Dios celoso, y no hay ningún otro Dios fuera de mí.* Mas haciendo esta declaración dio a entender a los ángeles que estaban con él que hay otro Dios. Porque si no hubiese otro Dios, ¿de quién habría de estar celoso?

»Entonces la Madre comenzó a moverse de un lugar a otro. Y se dio cuenta de que le faltaba algo cuando vio disminuir el brillo de la luz. Su luz disminuyó porque su amante no había colaborado con ella».

Yo dije: «Señor, ¿qué puede significar que ella se moviera de un lugar a otro?»

El Señor sonrió y contestó: «No te figures que ocurrió tal como Moisés dijo, "sobre las aguas". No, cuando ella reconoció la maldad que había tenido lugar y el robo que había cometido su hijo, mostró arrepentimiento. Aunque en las tinieblas se olvidó de su ignorancia, se avergonzó y comenzó a agitarse. Esta agitación es el moverse de un lugar a otro.

»El Arrogante tomó poder de su Madre. Era ignorante, ya que creía que únicamente existía el poder de su Madre. Vio la multitud de ángeles que había creado y se exaltó a sí mismo por encima de ellos.

»Cuando la Madre se dio cuenta de que había nacido imperfectamente esta oscura sombra, entendió que su amante no había colaborado con ella. Se arrepintió con muchas lágrimas. Todo el eón (reino) de la Plenitud del Espíritu virgen invisible escuchó su plegaria de arrepentimiento y ofreció sus alabanzas por ella, y el Espíritu santo derramó una parte de su Plenitud sobre ella. Pues su amante no había ido a ella antes, pero ahora sí fue a ella, pasando a través del eón (reino) de la Plenitud, para poder restituirle lo que le faltaba. Ella se elevó no a su propio eón (reino) eterno, sino, en lugar de eso, a una posición justo por encima de su hijo. Ella debía de permanecer en este noveno cielo hasta que restituyese lo que le faltaba.

»Una voz llamó desde el excelso eón (reino) celestial: *¡El hombre existe, y el Hijo del Hombre!* El primer rey, Yaldabaoz, escuchó la voz y pensó que había venido de su Madre. No pudo saber cuál era su origen. Venía de su Padre santo, la Providencia totalmente perfecta, la imagen del Invisible, es decir, el Padre de todas las cosas, del cual todo nació, la primera Humanidad. Ella enseñó todas estas cosas, y se mostró a sí misma bajo el aspecto humano.

»Todo el eón (reino) del primer rey se estremeció, y las bases del infierno temblaron. El fondo de las aguas sobre el mundo material se iluminó gracias a la imagen que había surgido. Cuando todos los que tenían autoridad y el primer rey vieron esta aparición, contemplaron todo el fondo porque se había iluminado. Y a través de la luz vieron la forma de la imagen en el agua.

»Y Yaltabaoth dijo a las autoridades que le acompañaban: *Venid, creemos un ser humano a imagen de Dios y semejante a nosotros mismos, para que esta imagen humana nos dé luz.* Crearon con sus poderes y copiaron los rasgos que habían aparecido. Cada una de las autoridades contribuyó con un rasgo psíquico que correspondía a la figura de la imagen que habían visto. Crearon un ser igual que el primer Hombre perfecto y dijeron: *vamos a llamarle Adán, pues este nombre nos dará el poder de la luz.*

»Los poderes comenzaron a crear: El primer poder, la Bondad, creó un alma de hueso. El segundo, la Providencia, creó un alma de tendón. El tercer poder, la Divinidad, creó un alma de carne. El cuarto, el Señorío, creó un alma de médula. El quinto, el Eón (Reino), creó un alma de sangre. El sexto, los Celos, creó un alma de piel. El séptimo, la Comprensión, creó un alma de párpado. La multitud de ángeles estuvo esperando y recibió estas siete sustancias psíquicas de las autoridades. Entonces pudieron crear una cadena de miembros y tronco, con todas las partes dispuestas de forma adecuada.

»El primer ángel comenzó creando la cabeza: Eteraphaope-Abron creó la cabeza,
Meniggesstroeth creó el cerebro; Asterechme, el ojo derecho; Thaspomocha, el ojo izquierdo; Yeronumos, la oreja derecha; Bissoum, la oreja izquierda, Akioreim, la nariz; Banen-Ephoroum, los labios; Amen, los dientes; Ibikan, las muelas; Basiliademe, las amígdalas; Achchan, la úvula; Adaban, el cuello; Chaaman, las vértebras; Dearcho, la garganta; Tebar, el hombro derecho; [...], el hombro izquerdo; Mniarchon, el codo derecho; [...],el codo izquierdo; Abitrion, la palma derecha; Euanthen, la palma izquierda; Krus, la mano derecha; Beluai, la mano izquierda; Treneu, los dedos de la

mano derecha; Balbel, los dedos de la mano izquierda; Krima, las uñas de los dedos; Astrops, el pecho derecho; Barroph, el pecho izquierdo; Baoum, el sobaco derecho; Ararim, el sobaco izquierdo; Areche, el vientre; Phthaue, el ombligo; Senaphim, el abdomen; Arachethopi, las costillas derechas; Zabedo, las costillas izquierdas; Barias, la cadera derecha; Phnouth, la cadera izquierda; Abenlenarchei, la médula; Chnoumeninorin, los huesos; Gesole, el estómago; Agromauma, el corazón; Bano, los pulmones; Sostrapal, el hígado; Anesimalar, el bazo; Thopithro, los intestinos; Biblo, los riñones; Roeror, los tendones; Taphreo, la espalda; Ipouspoboba, las venas; Bineborin, las arterias; Atoimenpsephei, la respiración en todos los miembros; Enthoillen toda la carne; Bedouk, la vagina derecha; Arabeei, el pene izquierdo; Eilo, los testículos; Sorma, los genitales; Gormakaiochlabar, el muslo derecho; Nebrith, el muslo izquierdo, Pserem, los músculos de la pierna derecha; Asaklas, el músculo a la izquierda; Ormaoth, la pierna derecha; Emenun, la pierna izquierda; Knux, la espinilla derecha; Tupelon, la espinilla izquierda; Achiel, la rodilla derecha; Phneme, la rodilla izquierda; Phiouthrom, el pie derecho; Boabel, sus dedos; Trachoun, el pie izquierdo; Phikna, sus dedos; Miamai, las uñas de los dedos de los pies; Labernioum...

»Los ángeles asignados a cada una de estas partes son: Athoth, Harmas, Kalila, Yabel, Sabaoth, Caín, Abel. Otros ángeles hacen su trabajo: en la cabeza trabaja, Diolimodraza; en el cuello, Yammeax; en el hombro derecho, Yakouib; en el hombro izquierdo, Ouerton; en la mano derecha, Oudidi; en la mano izquierda, Arbao; en los dedos de la mano derecha, Lampno; en los dedos de la mano izquierda, Leekaphar; en el pecho derecho, Barbar; en el pecho izquierdo, Imae; en el torax, Pisandraptes; en la axila derecha, Koade, en la axila izquierda, Odeor, en las costillas derechas, Asphixix; en las costillas izquierdas, Sunogchouta, en el abdomen, Arouph; en el útero, Sabalo; en el muslo derecho, Charcharb; en el muslo izquierdo, Chthaon; en todos los órganos genitales, Bathinoth; en la pierna derecha, Choux; en la pierna izquierda, Charcha; en la espinilla derecha, Aorer; en la espinilla izquierda, Toechea; en la rodilla derecha, Aol; en la rodilla izquierda, Charaner; en el pie derecho, Bastan; en los dedos del pie derecho, Archentchtha; en el pie izquierdo, Marephnounth; en los dedos del pie izquierdo, Abrana.

»Sobre todo esto gobernaban siete ángeles: Miguel, Uriel, Asmenedas, Saphasatoel, Aarmouriam, Richram, Amiorps. Otros ángeles gobiernan: sobre los sentidos, Archendekta; sobre la asimilación, Deitharbathas; sobre la imaginación, Oummaa; sobre la disposición, Aachiaram; sobre los impulsos, Riaramnacho.

»Las cuatro fuentes de los demonios que están en todo el cuerpo se llaman: el calor, el frío, la humedad, la sequedad, y la materia es la madre de todas ellas. El señor del calor es Phloxopha; el señor del frío es Oroorrothos; el señor de lo que está seco es Erimacho; el señor de la humedad es Athuro. La madre pone entre ellos a Onorthochras, porque ella no tiene límites y se une con todos ellos. En efecto, ella es materia, pues por su mediación los demonios son alimentados.

»Los cuatro demonios principales son: Ephememphi, el del placer; Yoko, el del deseo; Nenentophni, el de la aflicción; Blaomen, el del miedo. La madre de todos estos es Sensación-Ouchepitpoe. A través de estos cuatro demonios han llegado pasiones: De la aflicción vienen los celos, la envidia, el dolor, los conflictos, los apuros, la dureza de corazón, la ansiedad, la tristeza y demás. Del placer procede mucho mal, la vanidad y cosas similares. Del deseo proceden la ira, la cólera, la amargura, la intensa lujuria, la codicia y cosas semejantes. Del miedo proceden el terror, el servilismo, la angustia y la vergüenza. Todas estas pasiones son semejantes a lo que es valioso y también a lo que es malo. Anaro, la cabeza del alma material, entiende su verdadera naturaleza, ya que ella habita con Sensación-Ouchepiptoe.

»Estos son los ángeles: la suma de todos ellos es trescientos sesenta y cinco. Todos hicieron su trabajo unidos hasta que completaron cada miembro del cuerpo psíquico y material. Hay aún más ángeles sobre las pasiones que restan. No os he hablado sobre ellos. Si queréis saber acerca de ellos, la información está registrada en el Libro de Zoroastro. Todos los ángeles y demonios trabajaron juntos hasta que formaron el cuerpo psíquico. Pero su creacion estuvo mucho tiempo sin agitarse ni moverse en absoluto.

»Cuando la Madre quiso recuperar el poder que había entregado al primer gobernante, hizo oración al Padre de todos, al muy misericordioso. Con un mandato sagrado el Padre envió cinco estrellas al eón (reino) de los ángeles del primer gobernante. Ellos, pensando en este propósito, le aconsejaron para poder recuperar el poder de la Madre. Ellos dijeron a Yaltabaoth: *Insufla algo de tu espíritu en el rostro de Adán, y entonces el cuerpo se levantará.* Él insufló su espíritu en Adán. El espíritu es el poder de su Madre, pero él no cayó en la cuenta de esto, pues vive de forma ignorante. De esta manera el poder de la Madre salió de Yaltabaoth. para entrar en el cuerpo psíquico que había sido creado como el Uno que es desde el comienzo. El cuerpo se movió, y ganó poder. Y se iluminó.

»De repente, el resto de los poderes se pusieron celosos. Aunque Adán había nacido mediante todos ellos, y ellos habían entregado su poder a este ser humano, Adán era, sin embargo, más inteligente que los creadores y el primer gobernante. En el momento en que se dieron cuenta de que Adán estaba iluminado y era capaz de pensar de forma más clara que ellos, y estaba libre de mal, lo cogieron y lo arrojaron a la parte más inferior de todo el eón (reino) material.

»Pero el bienaventurado, el Madre-Padre, benevolente y misericordioso, tuvo compasión por el poder de la Madre que le había sido quitado al primer gobernante, pues los gobernantes podrían ser capaces de subyugar al cuerpo psíquico sensible una vez más. Con espíritu benevolente y gran misericordia, el Padre ayudó a Adán, enviándole un Pensamiento Posterior iluminado del Padre que era llamado Vida. Ella trabajó con todo lo que era creado, laborando con ello, restaurándolo a la plenitud, enseñando sobre el descenso de la semilla de luz, enseñando que el camino de ascenso es el mismo que el de descenso. El Pensamiento Posterior Iluminado fue ocultado en el interior de Adán para que los gobernantes no lo reconociesen. Entonces el Pensamiento Posterior podría devolver aquello que le faltaba a la Madre.

»El ser humano Adán se reveló mediante la sombra brillante interior. Y su capacidad para pensar era mayor que la de todos los creadores. Cuando miraron, vieron que la capacidad de Adán para pensar era mayor que la de ellos, por lo que idearon un plan con toda la multitud de gobernantes y ángeles. Tomaron fuego, tierra y agua, y los mezclaron con los cuatro vientos de fuego. Los juntaron, los agitaron e hicieron una gran conmoción. Los gobernantes llevaron a Adán al interior de la sombra de la muerte para poder generar una figura de nuevo, pero ahora de tierra, agua, fuego, y el espíritu que procede de la materia, esto es, de la ignorancia de las tinieblas, y el deseo, y su propio espíritu contrario. Esta figura es la tumba, el cuerpo creado de nuevo para que estos criminales la pusieran al ser humano como grillete de olvido. De este modo Adán vino a ser mortal, el primero en descender y apartarse. El Pensamiento Posterior iluminado dentro de Adán, sin embargo, rejuveneció la mente de Adán.

»Los gobernantes tomaron a Adán y lo pusieron en el paraíso. Dijeron: *¡Come y alégrate!*. Pero su placer es amargo y su belleza perversa. El placer de Adán es una trampa, sus árboles son malignos, su fruto es veneno mortal y su promesa es muerte. Pusieron su Árbol de la vida en mitad del Paraíso.

»Te enseñaré el secreto de su Vida tal en lo que respecta al plan que idearon y a la naturaleza de su espíritu: la raíz de su Árbol es amarga, sus ramas son muerte, su sombra es odio, una trampa hay en sus hojas, sus capullos son ungüento podrido, su fruto es muerte, deseo es su semilla, y brota en la oscuridad. El infierno es la morada de los que prueban de este, y la oscuridad es su lugar de reposo.

»Mas los gobernantes estaban frente a lo que ellos llaman el Árbol del Conocimiento del Bien y del Mal, que es en realidad el Pensamiento Posterior iluminado. Ellos se quedaron allí para que Adán no contemplara su plenitud y descubriera de este modo la vergonzosa desnudez propia. Yo fui el que, no obstante, hizo que comieran».

Yo dije al Salvador: «Señor, ¿no fue la serpiente la que dio orden a Adán para que comiera?». El Salvador sonrió y dijo: «La serpiente les dio orden para que comieran de la maldad, el embarazo, la lujuria y la destrucción para que Adán fuese útil a la serpiente. Adán Tenía conocimiento de la desobediencia contra el primer gobernante porque el Pensamiento Posterior iluminado en su interior restauró la mente de Adán para hacerla mayor que la del primer gobernante. El primer gobernante, asimismo, deseaba recobrar el poder que él mismo había pasado a Adán. Por tanto, trajo el olvido sobre Adán».

Yo le dije al Salvador: «¿Qué es este olvido?». El Salvador dijo: «No es como Moisés lo escribió y tú lo has escuchado. Pues él dijo en su primer libro: *Hizo que Adán durmiese*. Más bien, este olvido hizo que Adán perdiera todo el juicio. Así dijo el primer gobernante por boca del profeta: *Haré sus mentes lentas, para que no puedan entender ni discernir* (Is. 6:10).

»Entonces el Pensamiento Posterior iluminado se escondió en el interior de Adán. El primer gobernante quiso separarla del costado de Adán, pero el Pensamiento Posterior iluminado no puede ser capturado. Aunque la oscuridad la persiguió, no la capturó. El primer gobernante cogió una parte del poder de Adán y creó otra figura que tenía forma de mujer, como el Pensamiento Posterior que había aparecido. Produjo el poder que había llevado del ser humano original a su criatura femenina. No ocurrió, sin embargo, tal como había dicho Moisés: *La costilla de Adán.*

»Y él (Adán) vio a la mujer al lado suyo. Luego apareció el Pensamiento Posterior iluminado y retiró el velo que cubría su mente. La embriaguez de oscuridad se alejó de él. Reconoció a este ser que era como él y dijo: *¡Esto es ahora hueso de mis huesos y carne de mi carne!* Por esta razón dejará el hombre a su padre y a su madre y se unirá a su mujer, y los dos serán una sola carne. Porque a él se le enviará una amante, y dejará a su padre y a su madre [...].

»Nuestra hermana Sofía es la que descendió de forma inocente, para restaurarle lo que le faltaba. Por esta razón fue llamada Vida, o sea, la Madre de los vivientes. Mediante la Providencia soberana y a través de ella los Vivientes han saboreado el conocimiento perfecto. En lo que a mí respecta, aparecí en forma de águila sobre el Árbol del Conocimiento, que es realmente el Pensamiento Posterior de la Providencia pura, iluminada. Esto lo hice para enseñar a los seres humanos y para despertarlos de su profundo sueño. Pues ambos ya habían caído, y se dieron cuenta de que estaban desnudos. El Pensamiento Posterior también se les apareció como una luz e hizo que sus mentes despertaran.

»Cuando Yaltabaoth. se dio cuenta de que los humanos le habían rechazado, maldijo su tierra. Halló a la mujer cuando se estaba preparando para su esposo, que era señor sobre ella. El no conocía el misterio que había nacido a través de la orden sagrada.

»Los dos humanos tenían miedo de denunciar a Yaltabaoth, pero él dejó ver su propia ignorancia a sus ángeles. Expulsó a los hombres del Paraíso, y los envolvió en densas tinieblas. El primer gobernante vio a la mujer joven de pie al lado de Adán y se dio cuenta de que el Pensamiento Posterior iluminado de la vida había hecho su aparición en ella. Sin embargo, Yaltabaoth estaba lleno de ignorancia. Así, cuando la Providencia de todos entendió lo que estaba sucediendo, envió emisarios y ellos sustrajeron la Vida de Eva.

»Y el primer gobernante sedujo a Eva, con la cual tuvo dos hijos, un primero y un segundo: Elohim y Yavéh. Elohim tiene el rostro de un oso, Yavéh tiene el rostro de un gato. Uno es justo, el otro es injusto. Él puso a Yavéh sobre el fuego y el viento, y a Elohim sobre el agua y la tierra. Los nombró Caín y Abel, pues su intención era engañar.

»Hasta el presente día la cópula ha persistido debido al primer gobernante. Él implantó la lujuria para la reproducción en el interior de la mujer que estaba junto a Adán. Mediante la cópula, el primer gobernante produjo cuerpos duplicados, e insufló en ellos parte de su espíritu contrario.

»Puso a estos dos gobernantes al mando de los elementos, para que pudieran gobernar sobre la tumba del cuerpo. Cuando Adán supo cómo era su propio presciencia tuvo un hijo como el Hijo de la Humanidad. Le llamó Set, igual que el hijo de los eones (reinos) eternos. De forma similar, la Madre envió su Espíritu, que es como ella y es una copia de lo que se encuentra en el eón (reino) de la Plenitud, pues ella se disponía a preparar una morada para los miembros de los eones (reinos) eternos que descenderían. El primer gobernante obligo a los seres humanos a beber agua del olvido para que no supieran de dónde habían venido. Por un tiempo la semilla de la luz cooperó. Pero todo sucedió con un propósito: que cuando el Espíritu descienda de los eones (reinos) santos, el Espíritu pueda elevar la semilla de la luz, y curarla de lo que carece, que todo el eón (reino) de la Plenitud pueda ser santo y no le falte nada».

Dije al Salvador: «Señor, ¿serán todas las almas conducidas sanas y salvas a la luz pura?». Contestó y me dijo: «Estas son cuestiones complejas que han surgido en tu mente, y es difícil dar una explicación a alguien excepto a los de la raza inquebrantable.

Aquellos sobre los que el Espíritu de la vida va a descender, y a los que el Espíritu va a facultar, serán salvados, y se tornarán perfectos dignos de la grandeza, y libres de todo mal e interés por la maldad, en ese eón (reino). Ellos están únicamente interesados por lo imperecedero, y siempre se preocupan por eso, sin ira, celos, envidia, deseo, o avaricia alguna. Sólo les afecta su existencia en la carne, e incluso mientras se visten con la carne esperan con deseo la hora en que se encuentren con los que les reciben. Esas personas son dignas de la vida y la llamada eternas, que son imperecederas. Pues ellos todo lo soportan con el fin de acabar la contienda y conseguir la vida eterna».

Yo le dije: «Señor, ¿qué va a ser de las almas de las personas que no han vivido de este modo, pero sobre las que, aun así, el poder y el Espíritu de la Vida han descendido? ¿Qué les sucederá?» Él me contestó: «Si el Espíritu desciende sobre ellas, con bastante seguridad serán salvadas y transformadas. El poder ha de descender sobre todas las personas, pues sin él nadie podría quedarse en pie. Después de nacer, si crece el Espíritu de la Vida, y el poder viene y fortalece el alma, nadie podrá conducirla por el mal camino con actos malos. Pero las personas sobre las que desciende el espíritu contrario son engañadas por este espíritu y se pierden».

Yo dije: «Señor, ¿dónde irán las almas de estas personas cuando dejen la carne?». Él sonrió y me dijo: «El alma que tiene más poder que el espíritu despreciable es fuerte. Escapa del mal, y mediante la intervención del Imperecedero, se salva y es llevada al reposo de los eones».

Yo dije: «Señor, ¿dónde irán las almas de las personas que no saben de quién son?». Él contestó y me dijo: «El espíritu despreciable coge fuerza en tales personas cuando se pierden. Este espíritu pone una pesada carga sobre el alma, la lleva a cometer malas acciones y la envía hacia el olvido. Después que el alma deja el cuerpo, es entregada a las autoridades que han surgido del primer gobernante. Ellos la atan con cadenas, la meten en prisión, y la insultan, hasta que finalmente sale del olvido y adquiere conocimiento. Así es como ella obtiene la perfección y llega a salvarse».

Yo dije: «Señor, ¿cómo puede el alma volver a ser joven, y regresar al vientre de su Madre, o a la Humanidad?». El Señor se alegró de que le preguntara acerca de esto, y me dijo: «Ciertamente eres bienaventurado, pues tú comprendes. Esta alma necesita ir detrás de otra alma en la que habita el Espíritu de la Vida, porque se salva mediante el Espíritu. Entonces jamás volverá a ser revestida de la carne».

Yo dije: «Señor, ¿dónde irán las almas de las personas que una vez tuvieron conocimiento pero luego se alejaron de él?». Él me dijo: «Serán conducidas al lugar donde van los ángeles despreciables, en el cual no hay arrepentimiento. Se mantendrán allí hasta el día en que los que han blasfemado contra el Espíritu sean juzgados y castigados eternamente».

Yo dije: «Señor, ¿de dónde salió el espíritu despreciable?». Él me dijo: «el Padre común es grande en misericordia, el Espíritu Santo, universal, el que es compasivo y trabaja contigo. O sea, el Pensamiento Posterior de la Providencia iluminada. El Padre elevó a los hijos de la generación humana perfecta, con el pensamiento y la luz eterna de la Humanidad. Cuando el primer gobernante se dio cuenta de que estas personas estaban ensalzadas sobre él y podían pensar mejor que él, deseó hacerse con su pensamiento. No sabía que ellas estaban por encima de él en pensamiento, por lo que no podría apoderarse de ellas.

»Él ideó un plan con sus autoridades, que son sus poderes. Unidos violaron a Sofía y generaron algo repulsivo: El Destino, la atadura definitiva, voluble. El Destino es así porque los poderes mismos son volubles. Hasta el presente día el Padre es más duro y más fuerte que cualquier otra cosa a la que puedan hacer frente los dioses, ángeles, demonios y todas las generaciones de seres humanos. Pues del Destino han salido: toda la iniquidad, la injusticia, y la blasfemia, el lazo del olvido, y la ignorancia, y todos los órdenes gravosos, los pecados graves, y los grandes miedos. Así toda la creación ha sido cegada para que nadie conociera al Dios que está sobre todos ellos. Debido al lazo del olvido, sus pecados se han ocultado. Han sido atados con dimensiones, tiempos, y estaciones, y el Destino es señor de todos.

»El primer gobernante lamentó todo lo que había venido a la existencia a través suyo. De nuevo hizo un plan y decidió traer un diluvio sobre el mundo humano. No obstante, la grandeza iluminada de la Providencia advirtió a Noé.
Él informó, a la vez, de esto a toda la familia humana, los hijos de la humanidad, pero los extraños no le escucharon. No sucedió de la forma en que dijo Moisés: *Se ocultaron en un arca.* Sino que se ocultaron en cierto lugar, no solo Noé, sino también otra gente de la raza inconmovible. Entraron en ese lugar y se ocultaron en una nube brillante. Noé estaba al corriente de su supremacía: con él estaba el iluminado que los había iluminado, pues el primer gobernante había traído oscuridad sobre toda la tierra.

»El primer gobernante hizo un plan con sus poderes. Mandó a sus ángeles a las hijas de los hombres, para que tomasen mujeres y formaran una familia para su placer. Al principio no obtuvieron éxito. Cuando demostraron que no tenían éxito, se reunieron de nuevo e idearon otro plan. Crearon un espíritu despreciable semejante al Espíritu que había descendido, para adulterar las almas mediante este espíritu. Entonces, los ángeles cambiaron entonces su apariencia para hacerse semejantes a los compañeros de estas mujeres, y llenaron a las mujeres del espíritu de oscuridad que ellos habían creado, y del mal. Trajeron oro, plata, regalos, cobre, hierro, metal, y toda variedad de cosas. Hicieron sufrir a las personas que los siguieron, llevándolas por el camino del mal y engañándolas. Todas estas personas se hicieron viejas sin experimentar el placer, y murieron sin conocer la verdad ni conocer al Dios de la verdad. De esta forma, toda la creación quedó esclavizada para siempre, desde el comienzo del mundo hasta este momento. Los ángeles tomaron mujeres, y de la oscuridad generaron hijos semejantes a su espíritu. Cerraron sus mentes, y se hicieron tozudos a través de la tozudez del espíritu despreciable, hasta el día de hoy.

»En este momento, yo soy la perfecta Providencia de todo. Yo me transformé en mis hijos: vine primero, y atravesé todos los caminos de la vida. Porque yo soy la luz abundante. Yo soy el recuerdo del pleroma.

»Me introduje en el eón (reino) de la gran oscuridad, y seguí hasta entrar en medio de la prisión. Las bases del caos se sacudieron, y me escondí de los que habitan en el caos, porque son malignos. Así no me reconocieron.

»Volví por segunda vez y continué. Había venido de los habitantes de la luz: Yo soy el recuerdo de la Providencia. Entré en medio de la oscuridad y el centro del infierno, y regresé a la tarea que tenía delante de mí. Las bases del caos se sacudieron, y casi se derrumban sobre los habitantes del caos y los destruye. Rápidamente regresé a la raíz de mi luz, para que los habitantes del caos no fueran destruidos antes de tiempo.

»Y de nuevo, una tercera vez, salí: Yo soy la luz que mora en la luz. Yo soy el recuerdo de la Providencia. Mi intención era entrar en medio de la oscuridad y en el centro del infierno. Iluminé mi cara con luz de la consumación de este mundo, y me introduje en medio de esta prisión, la prisión corporal. Dije: *Que aquel que oiga se despierte de su profundo sueño.* Uno que dormía lloró y derramó lágrimas amargas y, enjugándoselas, dijo: *¿Quién dice mi nombre? ¿Cuál es la fuente de esta esperanza que ha venido sobre mí, viviendo en la esclavitud de la prisión?* Yo dije: *Soy la Providencia de la luz pura. Soy el Pensamiento del Espíritu virgen, que te ha levantado y te ha puesto en un lugar de honor. Álzate, acuérdate de que has escuchado, y busca tu raíz: pues yo soy compasivo. Resguárdate de los ángeles de la miseria, los demonios del caos, y todos los que te enganchan, y ten cuidado con el profundo sueño, y la trampa en medio del infierno.*

»Levanté al que duerme, y lo sellé en agua luminosa con cinco sellos, para que, desde ese momento, la muerte no prevaleciera.

»Observa, ahora me elevaré al eón (reino) perfecto. He acabado de hablar todo contigo. Te lo he contado todo, para que tomes nota y se lo comuniques en secreto a tus amigos espirituales. Pues éste es el misterio de la raza inconmovible».

El Salvador le dijo estas cosas a Juan para que las registrase y protegiese. Él le dijo: «Maldito sea todo aquel que cambie estas cosas por un regalo, por comida, bebida, ropa o por cualquier otra cosa». Todas estas cosas le fueron reveladas a Juan como un misterio, y después el Salvador desapareció de repente. Entonces Juan se dirigió a los demás discípulos y les contó lo que el Salvador le había dicho.

Jesucristo, Amén.

El
Evangelio
de la
Verdad

El Evangelio de la Verdad es alegría para los que han recibido del Padre de verdad la gracia de llegar a conocerle a través del poder del Verbo que vino del pleroma, aquel que está en el pensamiento y la mente del Padre, es decir, el que es proclamado el Salvador, pues es el nombre de la obra que Él va a llevar a cabo para la redención de los que ignoraban al Padre. Pero el nombre del Evangelio proviene de la proclamación de la esperanza que es un descubrimiento para quienes le buscan.

Cuando todos fueron a buscar a aquel del que habían salido y en el que todos estaban dentro, el incomprensible, el inconcebible, el que está por encima de todo pensamiento, la ignorancia del Padre provocó angustia y terror. Y la angustia se hizo sólida como niebla, de manera que nadie podía ver. Por esta razón, el error llegó a ser poderoso, manejó de forma necia los asuntos, pues no conocía la verdad. Emprendió una obra y preparó, con todo su poder y belleza, la sustitución de la verdad.

Esto no fue, entonces, una humillación para él, el incomprensible, el inconcebible, pues no eran nada, la angustia, el olvido y la criatura de engaño, mientras la verdad establecida es inmutable, imperturbable, perfecta en belleza. Por esta razón, despreciad el error.

Así, no teniendo raíz, cayó en una niebla con respecto al Padre, mientras se empeñó en preparar obras, olvidos y terrores, para , por medio de éstos, atraer a los del medio y hacerlos cautivos.

El olvido del error no se reveló. No es un [...] del Padre. El olvido no vino a la existencia desde el Padre, aunque vino, de hecho, a existir por su causa. Pero lo que nace en él es el conocimiento, que apareció para que el olvido pudiera desaparecer y el Padre pueda ser conocido. De cualquier forma, el olvido vino a la existencia porque el Padre no era conocido, si el Padre hubiera sido conocido, el olvido desde ese momento habría dejado de existir.

Este es el evangelio de aquel que es buscado, que (se) reveló a los que son perfectos, mediante las misericordias del Padre: el misterio oculto, Jesús, el Cristo, iluminó a esos que estaban en oscuridad a causa del olvido. Los iluminó; (les) mostró un camino; y este camino es la verdad que él les enseñó.

Por esta razón, el error se enfadó con él, lo persiguió, lo maltrató, (y) lo redujo a nada. Fue clavado en un árbol (y) se convirtió en fruta del conocimiento del Padre. No hizo, sin embargo, destrucción de la causa porque fue asimilado, pues a los que lo asimilaron, dio (motivo) para estar contentos en el descubrimiento, y los descubrió en él mismo, y ellos lo descubrieron a él
.

En cuanto al incomprensible, al inconcebible, al Padre, al perfecto, a aquel que hizo todo, dentro de él está todo, y todo tiene necesidad de él. Aunque conservó su perfección dentro de él, la cual no dio a la totalidad, el Padre no tenía celos. ¿Qué celos, de hecho, (podría tener) entre él y sus miembros? Porque si este eon había recibido así su perfección, no podrían haber venido [...] el Padre. Retiene dentro de él su perfección, concediéndosela a ellos como un retorno a él mismo, y un conocimiento único en perfección. Él es quien formó todo, y dentro de él está todo, y la totalidad tuvo necesidad de él.

Como en el caso de una persona que algunos ignoran, que desea que lo conozcan, lo amen (¿por qué motivo la Totalidad estaría necesitada a no ser que fuese por el conocimiento del Padre?), se convirtió en un guía, sosegado y tranquilo. Apareció en escuelas, (y) manejó la palabra como un maestro. Aparecieron hombres considerados sabios en su propia opinión, y le pusieron a prueba. Pero los confundió, porque eran necios. Lo odiaron, porque no eran sabios de verdad.

Después de todo esto, vinieron también los niños pequeños, esos a quienes pertenece el conocimiento del Padre. Se habían fortalecido, aprendieron sobre las impresiones del Padre. Conocieron y fueron conocidos; fueron glorificados, y glorificaron. Allí se manifestó en su corazón el libro viviente de la vida, que está escrito en el pensamiento y la mente del Padre, el cual, desde antes de la fundación de la totalidad, estaba dentro de su incomprensibilidad, ese (libro) que nadie podía tomar, ya que está reservado para que el que lo tome sea muerto. Nadie podría manifestarse de entre esos que han creído en la salvación a menos que ese libro hubiera aparecido. Por esta razón, el misericordioso, el fiel, Jesús, tuvo paciencia en aceptar sufrimientos hasta que tomó ese libro, desde que sabe que su muerte significa vida para muchos.

De la misma manera que permanece oculta en un testamento, antes de que fuera abierto, la fortuna del difunto dueño de la casa, así (ocurre) con la totalidad, que permanece oculta, mientras el Padre de la totalidad fue invisible, algo que es de él, de quien procede cada espacio. Por esta razón, Jesús apareció; se vistió de ese libro; fue clavado a un árbol; publicó el decreto del Padre sobre la cruz. ¡O qué gran enseñanza! Se humilló hasta la muerte, aunque se ha revestido de vida eterna. Habiéndose despojado de los harapos perecederos, se vistió de una forma imperecedera, que nadie puede arrebatarle. Habiendo entrado en los espacios vacíos de los terrores, pasó a través de aquellos que se habían desnudado por olvido, siendo conocimiento y perfección, proclamando las cosas que están en el corazón, [...] enseñar a los que recibirán la enseñanza.

Pero aquellos que van a recibir la enseñanza son los que viven, los que están inscritos en el libro de la vida. Serán instruidos sobre ellos mismos, recibiendo dicha instrucción del Padre, a quien retorna de nuevo. Puesto que la perfección de la totalidad está en el Padre, es necesario para la totalidad ascender a él. Entonces, si uno tiene conocimiento, recibe lo que le es propio, y lo atrae hacia él. Porque el que es ignorante tiene necesidad, y lo que le falta es grande, ya que lo que le falta es aquello que le hará perfecto. Dado que la perfección de la totalidad está en el Padre, y es necesario para la totalidad ascender a él, y para cada uno recibir lo que le es propio, los inscribió de antemano, habiéndolos preparado para hacer entrega a esos que salieron de él.

Aquellos cuyos nombres el conocía de antemano finalmente fueron llamados, de manera que el que tiene conocimiento es aquel cuyo nombre el Padre ha pronunciado. Porque aquel cuyo nombre no ha sido dicho es ignorante. De hecho, ¿cómo escuchará uno, si no ha oído su nombre? Porque el que es ignorante es una criatura olvidadiza hasta el extremo, y se desvanecerá con él. Si no, ¿cómo es que estos miserables no tienen nombre, y no existe para (ellos) la llamada? Por consiguiente, si uno tiene conocimiento, procede de lo alto. Si se le llama, oye, contesta, y se vuelve al que lo llama, y asciende a él. Y sabe de qué manera es llamado. Teniendo conocimiento, hace la voluntad del que lo llamó, desea agradarle y recibe descanso. El nombre de cada uno llega hasta él. El que tiene conocimiento de esto sabe de dónde viene y adónde va. Sabe como alguien que, habiéndose emborrachado, se ha apartado de su embriaguez, (y) habiendo vuelto en sí, ha corregido lo que le es propio.

Él ha apartado a muchos del error. Ha ido antes que ellos a los sitios de donde se habían alejado, ya que fue por causa del abismo por lo que ellos recibieron el error, el abismo del que abarca todo espacio, mientras no hay ninguno que lo abarque a él. Fue una gran maravilla que estuvieran en el Padre, no conociéndole, y (que) fueran capaces de seguir adelante por ellos mismos, ya que fueron incapaces de comprender o de conocer a aquel en quien estaban. Porque si su voluntad no hubiera emergido así de él [...] porque él la reveló en vista de un conocimiento en el que todas sus emanaciones coinciden.

Éste es el conocimiento del libro de la vida, que mostró a los eones al final como sus letras, revelando cómo no hay vocales ni consonantes, de manera que uno puede leerlas y pensar en algo estúpido, pero son (más bien) cartas de la verdad, que solo puede pronunciar quien las conoce. Cada letra es un pensamiento completo, como un libro completo, puesto que son letras escritas por la Unidad, habiéndolas escrito el Padre para los eones, para que, por medio de sus letras, ellos puedan conocer al Padre.

Mientras su sabiduría contempla el Verbo, y su enseñanza la pronuncia, su conocimiento la ha revelado. Mientras su clemencia es una corona sobre ella, y su alegría está en armonía con ella, su gloria la ha exaltado, su imagen la ha revelado, su reposo la ha recibido en sí mismo, su amor ha hecho un cuerpo sobre ella, su fidelidad la ha abrazado. De esta manera, el Verbo del Padre va delante en la totalidad, como el fruto de su corazón y una impresión de su voluntad. Pero Jesús el de la infinita dulzura sostiene la totalidad, purificándolos, y devolviéndolos al Padre, en la Madre.

El Padre descubre su seno. Pero su seno es el Espíritu Santo. Revela lo que tiene oculto, lo que tiene oculto es su Hijo, de manera que, por las misericordias del Padre, los eones puedan conocerle y cesar de trabajar en la búsqueda del Padre, y descansen en él, sabiendo que éste es el descanso (final). Habiendo llenado la deficiencia, abolió la forma, su forma es el mundo en el que sirvió. Porque el lugar donde hay envidia y disputa es deficiente, pero el lugar donde (hay) Unidad es perfecto. Puesto que la deficiencia se produjo porque no se conoció al Padre, por consiguiente, cuando se conozca al Padre, desde ese momento, la deficiencia ya no existirá. Como en el caso de la ignorancia de una persona, cuando alcanza el conocimiento, su ignorancia desaparece de sí misma, como la oscuridad desaparece cuando viene la luz, de esta manera también la deficiencia desaparece ante la perfección. Así, desde ese momento, la forma no es manifiesta, sino que se disolverá en la fusión con la Unidad, porque ahora sus obras yacen dispersas. A su tiempo, la Unidad perfeccionará los intervalos. Cada uno lo obtendrá por sí mismo dentro de la Unidad; dentro de conocimiento se purificará desde la multiplicidad en la Unidad, consumiendo materia dentro de él como fuego, y oscuridad por la luz, y muerte por vida.

Si, de hecho, nos han ocurrido estas cosas a cada uno de nosotros, entonces debemos procurar, sobre todo, que la morada sea santa y silenciosa para la Unidad. Como en el caso de algunas personas que salieron de moradas donde había frascos en sus sitios que no eran buenos. Si los hubieran roto, el dueño de la casa no sufriría pérdidas. Más bien estaría contento, porque en lugar de los frascos malos (hay) llenos que se han perfeccionado. Así es el juicio que ha venido de lo alto. Ha juzgado a todo el mundo; es una espada desenvainada, de doble filo, que corta por ambos lados. Cuando el Verbo apareció, el que está dentro del corazón de esos que lo pronuncian —no es un sonido solo, sino que se hizo un cuerpo— una gran perturbación se produjo entre los frascos, porque algunos se habían vaciado, otros estaban llenos; esto es, se habían abastecido algunos, otros se habían derramado, algunos se habían purificado, pero otros se habían disuelto. Se agitaron y se perturbaron todos los espacios, porque no tenían orden ni estabilidad. Se desconcertó el error, no sabía lo que hacer; se afligió, en duelo, poniéndose triste porque no sabía nada. Cuando el conocimiento se acercó, el error y todas sus emanaciones cayeron. El error es vano, no tiene nada dentro.

La Verdad apareció; todas sus emanaciones la conocieron. Saludaron al Padre de verdad con un poder perfecto que las une con el Padre. Porque, como para todo el que ama la verdad —porque la verdad es la boca del Padre; su lengua es el espíritu santo—, el que se une a la ella, se une a la boca del Padre por su lengua, cuando llegue a recibir el Espíritu Santo, puesto que ésta es la manifestación del Padre, y su revelación a sus eones.

Él reveló lo que de sí mismo permanecía oculto y lo explico. Porque ¿quién puede contener todo, sino solo el Padre? Todo los espacios son emanaciones suyas. Han sabido que proceden de él como niños que proceden de un hombre desarrollado. Aquellos que son engendrados por Padre sabían que no habían recibido aún forma, ni un nombre. Luego, cuando reciben forma por su conocimiento, aunque realmente está dentro de él, no lo saben. Pero el Padre es perfecto, cada espacio en su interior es inteligente. Si lo desea, manifiesta a quien quiere, dándole forma y un nombre, y lo llama y lo trae con los que han llegado a existir, quienes, antes de venir a la existencia, ignoraban al que los formó.

No digo, sin embargo, que no son nada (en absoluto) los que todavía no han llegado a existir, sino que están en él los que querrán llegar a existir cuando él desee, como el tiempo venidero. Antes de que todas estas cosas aparezcan, sabe lo que producirá. Pero la fruta que no es todavía manifiesta no sabe ni hace nada. Así también, cada espacio que está dentro del Padre proviene del que es, que lo estableció desde lo que no es. Porque el que no tiene raíz no tiene fruto, pues aunque piensa por sí mismo: «he venido a ser» sin embargo, perecerá por él mismo. Por esta razón, el que no existió en absoluto, nunca vendrá a la existencia. Entonces, ¿qué quiso pensar de sí mismo? Pues esto: «he venido a la existencia como las sombras y los fantasmas de la noche». Cuando la luz brilla sobre el terror que esa persona ha experimentado, comprende que no es nada.
Por eso ignoraban al Padre, aquel al que no vieron. Desde entonces hubo terror y perturbación e inestabilidad y duda y división, había muchas ilusiones en juego por medio de éstos, y (muchas)

ficciones vacías, como si se hubieran hundido en un sueño y hubieran tenido pesadillas. Bien encontraban un lugar al que huir, o sin fuerza venían después de haber perseguido antes a otros, bien daban golpes o bien los recibían, o caían desde lugares altos, o volaban por el aire, aunque no tienen alas. De nuevo, a veces, (es como) si la gente fuera a matarlos, aunque no hay nadie que los persiga, o ellos mataran a sus vecinos, porque se han manchado con su sangre. Cuando los que pasan por todo esto se despiertan, no ven nada, aunque estuvieran en medio de todas estas perturbaciones, porque ellos no son nada. De forma semejante ocurre con los que se han desprendido de la ignorancia como si fuera un sueño, no estimándola en nada, ni estimando sus obras como cosas sólidas, sino (en lugar de eso) la dejan atrás como un sueño en la noche. El conocimiento del Padre lo valoran como el amanecer. Ésta es la manera en que cada uno ha actuado, como si estuviera dormido a la vez que era ignorante. Y ésta es la manera en que ha (venido a conocimiento), como si hubiera despertado. Bienaventurado sea el hombre que se volverá y despertará. Y bendito sea el que ha abierto los ojos del ciego.

Y el Espíritu corrió detrás de él, acelerando el paso para despertarlo. Habiendo extendido su mano al que yacía en la tierra, lo afirmó sobre sus pies, porque él no se había elevado todavía. Les dio los medios de conocer el conocimiento del Padre y la revelación de su Hijo. Porque cuando lo habían visto y lo habían oído, les concedió gustarlo, y olerlo, y tocar al amado Hijo.

Cuando apareció, instruyéndolos sobre el Padre, el incomprensible, cuando les insufló lo que está en el pensamiento, haciendo su voluntad, cuando muchos habían recibido la luz, volvieron a él. Porque los materiales eran extraños, y no vieron su semejanza, ni lo habían conocido. Porque él vino en forma carnal, y nada bloqueó su desplazamiento, pues la incorruptibilidad es irresistible, desde que él, de nuevo, expresó cosas nuevas, hablando sobre lo que está en el corazón del Padre, les mostró el Verbo sin defecto.

Cuando la luz había hablado por su boca, así como su voz, que dio a luz a la vida, les dio pensamiento y entendimiento, y misericordia y salvación, y el espíritu poderoso que proviene de la infinidad y la dulzura del Padre. Habiendo hecho detener los castigos y las torturas —porque fueron ellos los que desviaban de su rostro a algunos que necesitaban misericordia, estaban en error y en ataduras— los destruyó con poder y los confundió con el conocimiento. Él llegó a convertirse en un camino para los descarriados, y en conocimiento para los que eran ignorantes, fue un descubrimiento para los que investigaban, y un apoyo para los que vacilaban, incontaminación para los que estaban contaminados.

Es el pastor que dejó atrás las noventa y nueve ovejas que no se perdieron. Fue en busca de una que se había extraviado y, cuando la encontró, se regocijó, porque noventa y nueve es un número que está en la mano izquierda, que la sostiene. Pero cuando se encuentra el uno, el número entero pasan a la (mano) derecha. Como sucede con aquel que le falta el uno —esto es, la (mano) derecha completa— atrae lo que estaba deficiente y lo toma de la mano izquierda y lo trae a la derecha, así también el número llega a ser una centena. Es la señal del justo; es el Padre. Incluso en Sábado ha estado trabajando para encontrar la oveja que cayó en el hoyo. Le dio vida a la oveja, la sacó del hoyo, de manera que podáis saber —vosotros, los hijos de conocimiento interior— qué es el Sábado, en el que no es adecuado que la salvación descanse, para que podáis hablar del día de lo alto, que no tiene noche, y de la luz que no se apaga, porque es perfecta.

Decid, entonces, desde el corazón, que sois el día perfecto, y en vosotros mora la luz que no falla. Hablad de la verdad con aquellos que la buscan, y (de) conocimiento a esos que han cometido pecado en su error. Afirmad el pie de los que han tropezado, y tended vuestras manos a los enfermos. Dad alimento a los que tienen hambre, y reposo a los que están cansados, y levantad a los que quieren levantarse, y despertad a quienes duermen. Porque vosotros sois la comprensión que empuja hacia delante. Si la fuerza actúa así, se vuelve aún más fuerte. Sed comprometidos con vosotros mismos; no os comprometáis con las cosas que ya habéis apartado de vosotros. No retornéis a lo que ya habéis vomitado para comerlo. No seáis polillas. No seáis gusanos, porque vosotros ya os habéis desprendido de estas cosas. No os convirtáis en (morada) lugar para el diablo, porque ya lo habéis destruido. No fortalezcáis (a los que son) obstáculos para vosotros, que se derrumban, como si (fuerais) un apoyo (parar ellos). Porque al licencioso hay que tratarlo como si fuera un enfermo, y no como si fuese alguien justo. Porque el primero hace sus obras como una persona sin ley; el último actúa como una persona virtuosa entre los demás. Así que vosotros, haced la voluntad del Padre, porque le pertenecéis.

Porque el Padre es dulzura, y lo que hay en su voluntad es bueno. Ha tomado conocimiento de las cosas que son vuestras, para que podáis encontrar descanso en ellas. Porque por los frutos se toma conocimiento de las cosas que son suyas, porque los hijos del Padre son su fragancia, ya que ellos proceden de la gracia de su semblante. Por esta razón el Padre ama su fragancia, y la manifiesta en todo lugar. Y si mezcla con materia, le da su fragancia a la luz, y en su reposo, hace que supere toda forma (y) todo sonido. Porque no es el oído el que huele la fragancia, sino que (es) el aliento, que tiene el sentido del olfato y atrae la fragancia hacía sí mismo, y se sumerge en la fragancia del Padre, de manera que así lo protege, y se lo lleva al lugar de donde vino, de la primera fragancia, que se enfrió. Es como algo en forma psíquica, como agua fría que se congela, la cual está en tierra que no es firme, y los que la ven creen que es tierra; después, se disuelve de nuevo. Si un aliento la atrae, se calienta. Las fragancias, por tanto, que se han enfriado provienen de la división. Por esta razón, fe vino; disolvió la división, y trajo el pleroma caluroso de amor, para que el frío no tenga que venir de nuevo, sino (que) exista la unidad de pensamiento perfecto.

Esta es la palabra del evangelio del descubrimiento del pleroma, para los que esperan la salvación que viene de lo alto. Mientras su esperanza, por lo que esperan, está aguardando —ellos cuya imagen es luz sin sombra— entonces, en ese tiempo, el pleroma se dispone a venir. La (deficiencia) de materia no proviene de lo ilimitado del Padre, que viene a dar tiempo para la deficiencia, aunque nadie podría decir que el incorruptible vendría de esta manera. Pero la profundidad del Padre se multiplicó, y el pensamiento del error no existía con él. Es algo que se cae, (y) es algo que se levanta (de nuevo) fácilmente, con el descubrimiento de aquel que ha venido a él que lo traerá de vuelta. Porque este traer de vuelta se llama «arrepentimiento».

Por esta razón, la incorruptibilidad dio aliento y persiguió al que había pecado, para que pueda descansar. Porque el perdón es lo que queda para la luz en la deficiencia, la palabra del pleroma. Pues el médico corre al lugar donde se encuentra la enfermedad, porque ésa es su voluntad. Entonces, el que es deficiente, no esconde la deficiencia, porque uno tiene lo que a otros les falta. Así que el pleroma, que no tiene deficiencias, pero (que) las colma, es lo que hizo al colmar lo que le faltaba para poder recibir la gracia. Pero cuando era deficiente, no tenía la gracia. Por eso había deficiencia donde no había ninguna gracia. Cuando recibió aquella que estaba disminuida, reveló lo que le faltaba, siendo (ahora) pleroma; esto es, el descubrimiento de la luz de verdad que se alzó sobre él porque es inmutable.

Por eso habló Cristo en su medio, para que los que estaban perturbados pudieran ser traídos de vuelta, y ser ungidos con el ungüento. Este ungüento es la misericordia del Padre, que tendrá misericordia en ellos. Pero los que han ungido son los que se han vuelto perfectos. Porque los frascos llenos son los que normalmente se ungen. Pero cuando la unción de un frasco se disuelve, se vacía, y la razón para que allí haya una deficiencia es la causa por la cual se va la unción. Porque en ese tiempo un soplo lo arrastra, algo por el poder de lo que está con él. Pero del que no tiene deficiencia, no se quita ningún sello, ni se vacía nada, pero lo que falta, el Padre perfecto lo llena de nuevo. Él es bueno. Conoce su simiente, porque él fue el que la plantó en su paraíso. Ahora su paraíso es su lugar de descanso.

Éste es la perfección en el pensamiento del Padre, y éstas son las palabras de su meditación. Cada una de sus palabras es la obra de su voluntad única en la revelación de su Verbo. Mientras estaban todavía en las profundidades tranquilas de su pensamiento, el Verbo, que fue el primero en venir, les reveló que desde el principio una mente habla el único Verbo en gracia silenciosa. Fue llamado pensamiento, porque estaba en él antes de ser revelado. Sucedió, entonces, que él fue el primero en venir, en el momento en que la voluntad de aquel que lo deseó quiso. Y la voluntad es que el Padre esté en reposo y complacido. Nada ocurre sin él, ni se hace ninguna cosa sin la voluntad del Padre, pero su voluntad es inescrutable. Su huella es la voluntad, y nadie lo sabrá, ni es posible para nadie escrutarla, para poder entenderla. Pero cuando él quiere, lo que determina es esto —aun cuando la vista no les agrade en ningún camino anterior a Dios—: desea al Padre. Porque conoce el principio de todos ellos, y su final. Porque al final de sus vidas, les preguntará directamente. Ahora, el fin es recibir conocimiento sobre el que está oculto, y éste es el Padre, de quien ha venido el principio, (y) a quien volverá todo lo que ha venido de él. Y han aparecido por la gloria y la alegría de su nombre.
Ahora bien, el nombre del Padre es el Hijo. Él es el primero que dio un nombre al que vino de él, que era él mismo, y le engendró como un hijo. Le dio su nombre, que le perteneció; es aquel a quien pertenece todo lo que existe en torno suyo, el Padre. Suyo es el

nombre; suyo es el Hijo. Para él, es posible verlo. El nombre, sin embargo, es invisible, porque sólo es el misterio del invisible, que viene a los oidos que están completamente llenos por él. Porque, de hecho, no se habla del nombre del Padre, sino (más bien,) queda claro a través del Hijo.

En este sentido, entonces, el nombre es una gran cosa. ¿Quién, por consiguiente, podrá pronunciar un nombre para él, el gran nombre, excepto él solo, a quien pertenece el nombre, y los hijos del nombre, en quienes descansó el nombre del Padre, los que, a su vez, descansaron en su nombre? Ya que el Padre no fue engendrado, Él solo es el que engendró como nombre para sí mismo, antes de producir los eones, para que el nombre del Padre estuviera sobre sus cabezas como Señor, que es el nombre verdadero, que está firme en su orden, mediante un poder perfecto. Porque el nombre no está formado por simples palabras, ni consiste en denominaciones, sino (más bien) es invisible. Se dio un solo nombre a sí mismo, puesto que se ve a sí mismo. Él solo tiene el poder para darse un nombre. Pues el que no existe no tiene nombre ¿Porque qué nombre puede darse al que no existe? Pero el que existe, existe también con su nombre y quien solo sabe darle un nombre. Es el Padre. El Hijo es su nombre. Por lo tanto, no lo esconde, pero existió; en cuanto al Hijo, él solo le dio un nombre. El nombre, por consiguiente, es del Padre, como el nombre del Padre es el Hijo. ¿Dónde, de hecho, la misericordia encontraría un nombre, excepto con el Padre?

Pero, sin duda, alguien le dirá a su prójimo: «¿Quién es él que dará un nombre al que existió antes que él mismo, como si los niños no recibieran un nombre de aquellos que lo engendraron?». En primer lugar, entonces, es apropiado para nosotros reflexionar sobre esta cuestión: ¿Cuál es el nombre? Es el nombre de la verdad; no es, por tanto, el nombre del Padre, ya que es el único nombre propio. Por consiguiente, no recibió el nombre prestado, como (hacen) otros, según la forma en el que cada uno es producido. Pero éste es el nombre propio. No hay ningún otro que se lo diera. Pero él es firme, indescriptible, hasta el tiempo en que el que es perfecto sólo lo expresó. Y él es el que tiene el poder para pronunciar su nombre, y observarlo.

Sin embargo, cuando le agradó que su nombre, que es amado, debería ser su Hijo, y le dio el nombre a él, éste, que surgió de la profundidad, habló sobre sus cosas íntimas, sabiendo que el Padre es un ser sin maldad. Por esa misma razón lo envió para hablar sobre el lugar, y sobre su sitio de descanso del que había venido, y para glorificar el pleroma, la grandeza de su nombre, y la dulzura del Padre. Hablará sobre el lugar del que todos vinieron, y a la región donde se estableció, volverá nuevamente a toda prisa y será llevado desde ese lugar —el lugar donde se halló— recibiendo un sabor de ese lugar, y nutriéndose y desarrollándose. Y su propio lugar de descanso es su pleroma.

Por lo tanto, todo las emanaciones del Padre son pleromas, y la raíz de todas sus emanaciones está en que las hizo desarrollarse dentro de Él mismo. Les asignó sus destinos. Cada una, entonces, se ha manifestado, para que por su propio pensamiento [...]. Porque el lugar al que envían su pensamiento, ese lugar, su raíz, es el que los lleva, en todas las alturas, al Padre. Poseen su cabeza, que es descanso para ellos, y se apoyan, se acercan, de tal manera que dicen que han participado de su rostro besándolo. Pero no se manifiestan de esta manera, porque no se han elevado por ellos mismos; (todavía) tampoco han sido privados de la gloria del Padre, ni lo concibieron como un ser pequeño, ni áspero, ni colérico, sino (más bien) como un ser sin maldad, imperturbable, dulce, que conocía todos los espacios antes de que vinieran a la existencia, y no tenía necesidad de ser instruido.

Ésta es la forma de ser de esos que poseen (algo) de la inconmensurable grandeza, cuando esperan al Uno solo, al perfecto, al que está allí por ellos. Y no bajan al Hades, ni tienen envidia ni se quejan ni mueren dentro de ellos, sino (más bien) descansan en el que está en reposo, no se esfuerzan ni dan vueltas alrededor de la verdad. Sino que ellos mismos son la verdad; y el Padre está dentro de ellos, y ellos están en el Padre, siendo perfectos, siendo indivisibles en el verdaderamente bueno, no siendo, de ningún modo, deficientes en nada, sino que están en reposo, reanimados en el Espíritu. Y considerarán su raíz. Se interesarán por estas (cosas) en las cuales encontrarán su raíz, y no sufrirán pérdida para su alma. Éste es el lugar del bienaventurado; éste es su lugar.

Por lo que respecta a los demás, entonces, pueden saber, desde donde están, que no es digno para mí, habiendo venido a estar en el lugar de descanso, hablar de cualquier otra cosa. Pero es en él en el que estaré, y (es apropiado) comprometerse en todo tiempo con el Padre de todo, y con los hermanos verdaderos, aquellos en quienes el amor del Padre se derrama, y en cuyo medio no hay ninguna falta de Él. Son los que se manifiestan en verdad, desde que existen en la vida verdadera y eterna, y (desde ellos) se habla de la luz que es perfecta, y (que está) llena de la semilla del Padre, y que está en su corazón y en el pleroma, mientras su Espíritu se regocija y glorifica al Único en quien existió, porque es bueno. Y sus hijos son perfectos y dignos de su nombre, porque Él es el Padre; y son hijos de esta clase los que Él ama.

NOTAS

1. Se identifica, al supuesto autor de este Evangelio, con un hermano gemelo de Jesús. Podemos encontrar esta referencia también en el Evangelio canónico de San Juan, donde Tomás es llamado en tres ocasiones Dídimo, que en griego significa *mellizo*.

2. El título obedece a una inscripción que se lee al final del Evangelio encontrado en Nag Hammadi, aunque, según se cree, este título se añadió con posterioridad a la redacción original.

3. La autoría del texto se atribuye a Santiago el Justo, hermano de Jesús. No se sabe a quién escribe.

4. Se trata también, en este caso, de Tomás, el supuesto hermano gemelo de Jesús.

Otros títulos publicados por esta editorial

Astrología

EL MENSAJE OCULTO DE LOS ASTROS

Un manual completo de Astrología, del que podrán sacar provecho tanto el principiante como el astrólogo avanzado. El autor hace una extensa interpretación de los Signos, las Casas, los Aspectos, los Planetas... Pero, además, se adentra en el tema de las Sinastrías, la Astrodiagnosis —Astrología Médica—, los Nodos Lunares y la Parte de la Fortuna con muchos ejemplos interesantes. Se trata de un libro práctico, de consulta, de incalculable valor para cualquier persona que le guste la Astrología.

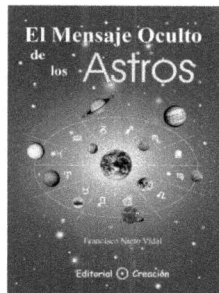

CÓMO LEVANTAR UNA CARTA ASTRAL

Un manual para cualquier estudiante: fácil, ameno y directo, donde el lector aprenderá a Levantar cartas astrales, realizar revoluciones solares y lunares, descubrir los senderos de una carta astral y colocarlos, junto con los planetas, en el Árbol de la Vida, interpretar una carta astral de forma sencilla.
Incluye ejercicios con soluciones, paso a paso, para que el estudiante sepa el procedimiento que se ha seguido hasta llegar a la solución final.

CÓMO INTERPRETAR UN HORÓSCOPO

Incomparable a ninguna obra conocida de Astrología, el aprendiz de astrología podrá interpretar los aspectos más importantes de su vida, como son: El matrimonio, el trabajo, la economía, el amor, su personalidad, su salud y otros muchos temas más. Para ello, el lector se verá ayudado por toda una serie de ejemplos que serán la guía práctica de quien desee investigar su destino a la luz de esta Sagrada Ciencia.

Filosofía oculta

CONCEPCIÓN, EMBARAZO Y PARTO A LA LUZ DEL OCULTISMO

Este libro está dirigido a las personas que creen y saben que el ser humano es mucho más que un cuerpo físico. A los que saben y sienten que tenemos un origen divino, que traemos una serie de valores y un propósito a este mundo, y a los que siguen el sendero de la tradición esotérica y espiritual perenne. Y, siguiendo ese camino espiritual, han decidido traer al mundo un nuevo ser, un espíritu evolucionado que encarnará, y desean darle lo mejor para que su entrada en nuestro mundo material se produzca de la mejor manera. Que no pierda eso sagrado que trae y a la vez aprenda y experimente lo que el plano físico le proporciona al espíritu, experiencia que con el tiempo ha de transmutarse en sabiduría.

EL DESARROLLO ESPIRITUAL DESPUÉS DE LA MUERTE

A través de este libro, su autor nos facilita una fascinante visión de todo lo que ocurre desde el mismo momento de la muerte hasta el próximo renacimiento del Espíritu. El lector descubrirá que todo en la vida tiene un fin y, ese fin, está siempre relacionado con el desarrollo y evolución de la humanidad; descubrirá que el ser humano es el único causante de sus desgracias que, a la vez, elevarán sus conciencias; sabrá que el ser humano no está solo, sino que está evolucionando junto a seres conocidos como Ángeles, Arcángeles, espíritus de la naturaleza, etc...

SABIDURÍA OCCIDENTAL
Max Heindel
(Tres volumenes)

La enseñanza contenida en este libro es aquella que Cristo enseñaba en secreto a sus discípulos, la cual desvela los misterios del hombre y del universo y responde a las tres grandes preguntas: "de dónde venimos", "por qué estamos aquí", y "adónde vamos".

Espiritualidad

EL PODER DE LAS ORACIONES

Las oraciones, en sí mismas, son " Fuentes de Energía Positiva", que el individuo pronuncia mediante el rezo, emanando desde su interior, expandiéndose hacia el exterior y estableciéndose un puente de unión entre él y Dios.
Ahora, mediante este libro, usted, tiene el gran privilegio de usarlas; para que le puedan ayudar en todos los problemas que le acucian en la vida.

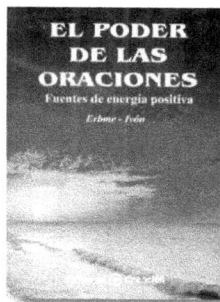

MIS EXPERIENCIAS ESPIRITUALES DE AYUDA Y CURACIÓN

F.A.D., una persona excepcional: sencilla, discreta, humana y abierta. No presume de nada, aunque ha curado a cientos de personas —dice que ella no cura, que es Dios quien lo hace—.
El libro nos cuenta de primera mano su propia historia y las curaciones milagrosas de muchas personas que han acudido a ella.

EL CIELO EN LA TIERRA

Novela de ocultismo-ficción cuyo protagonista, un alto Iniciado, decide manifestarse a los hombres para, con su ayuda, mejorar el mundo. En realidad es un grito, una llamada de atención y una seria reflexión para todos, destinada a introducir en nuestras conciencias la necesidad de tender hacia la fraternidad universal por medio del conocimiento de los misterios velados a los hombres.

Respuestas Angélicas

Este libro nos ayudará a obtener respuesta a cualquier pregunta a través del programa de los 72 ángeles de la Cábala.

Guía práctica del aprendiz de ángel

Escrita para todas las personas interesadas en desarrollar los valores espirituales.

Salud, alimentación

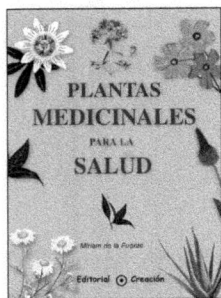

PLANTAS MEDICINALES PARA LA SALUD

La plantas medicinales son una alternativa natural para curar o aliviar las enfermedades. El presente libro ha sido pensado para que el lector pueda encontrar la planta que más le ayudará en cada momento. Es una guía útil que contiene las mejores plantas medicinales que el lector encontrará fácilmente en cualquier herboristería, cuya eficacia ha sido demostrada por miles de personas que, al utilizarlas, han sido curadas o han mejorado de sus enfermedades a través de todos los tiempos.

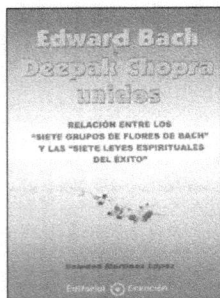

EDWARD BACH Y DEEPAK CHOPRA UNIDOS

La autora ha encontrado una estrecha relación entre los "Siete Grupos de Flores de Bach" y las correspondientes "Siete Leyes Espirituales" o leyes de la vida. No sólo una relación, sino cómo se complementan, completan, ayudan y potencian.
Un libro sensacional que no pueden dejar de leer todos aquellos que se interesan por la salud integral del ser humano.

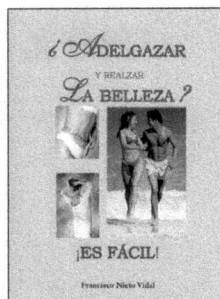

¿ADELGAZAR Y REALZAR LA BELLEZA? ¡ES FÁCIL!

Amigo/a lector/a, si se ha cansado de andar jugando con su salud probando dietas y sistemas que, además de sacarle dinero, no le han favorecido como deseaba, ya va siendo hora de que se olvide de tantos fracasos frustraciones y desesperación y se ponga a trabajar en serio, de una vez para siempre, creando un nuevo hábito de alimentación y de vida que le hará alcanzar su peso ideal. Usted lo puede conseguir con esta obra.

Psicología, autoayuda, símbolos

PENSAMIENTOS POSITIVOS

Recoge cuatro pensamientos positivos para cada día del año, enseñanzas que leídas una y otra vez en actitud reflexiva y profundamente asimiladas cambian sustancialmente la existencia, no tardando en llegar el momento en que quien lo lea hará realidad con su propio vivir el viejo adagio: «Allá por donde pasa el santo todo lo llena de Amor, paz, tolerancia y comprensión».

¿QUIÉN ERES?

¿Sabes quién eres? Si aún no lo has descubierto, este libro te invita a hacerlo. Su autora nos aporta las claves para acercarnos a nuestra verdadera esencia y entregarle las riendas de nuestra vida cotidiana.

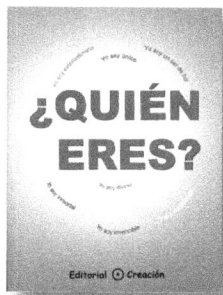

SALUD Y BIENESTAR A TRAVÉS DE LA RELAJACIÓN

Basándose en las que quizás sean las mejores técnicas de relajación en occidente, dada su eficacia en muchos tratamientos, el autor ha sabido combinarlas perfectamente con una serie de ejercicios basados en el esoterismo, obteniendo así unos resultados extraordinarios para las personas verdaderamente interesadas en estos temas.

EL SIGNIFICADO DE LOS SÍMBOLOS MÁGICOS

El presente libro se centra en aquellos símbolos más espirituales, más mágicos que han sido utilizados a través de todos los tiempos para el desarrollo espiritual del ser humano.

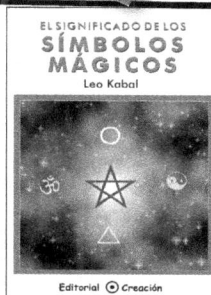

www.ingramcontent.com/pod-product-compliance
Lightning Source LLC
Chambersburg PA
CBHW051720090426
42738CB00010B/2004